KB163563

오십의
인생 공부

오십의 인생공부

동양고전의 인생학
50대의 처세수업

이삼수 지음

홍익P&C

들어가면서

이 책은 동양고전 속의 고사성어를 통해 50대 인생의 지혜와 식견을 넓힐 수 있게 꾸민 인문교양서이다. 사람은 중장년기를 어떻게 통과하느냐에 따라 삶 전체의 점수가 달라지는 법, 이 책《오십의 인생공부》은 그런 의미에서 중년기의 삶을 현명하게 보낼 수 있는 특별한 과외 수업과 같은 역할을 할 것이다.

옛날 한 시대를 풍미했던 현자들은 세상 모든 분야의 지식을 세밀히 탐구하여 보통사람들이 인생이라는 바다를 지혜롭게 건널 수 있도록 이끌었다. 따라서 현자들이 지은 책에는 수많은 고사故事와 역사적 사실, 다양한 인물들의 발자취가 담겨 있어 후대 사람들이 반면고사의 교훈을 삼을 수 있다.

현자들의 이러한 작업의 한복판에 고사성어가 있다. 고사성어는 옛사람들이 겪었던 어떤 상황이나 감정, 인간의 심리 등을 담은 내용을 함축된 글자로 묘사한 관용구로, 주로 4글자로 된 것이 많기 때문에 '사자성어四字成語'라고도 한다.

동양고전 속의 고사성어가 시대를 뛰어넘어 누구나의 삶에 적용할 수 있는 지혜를 주는 이유는, 그만큼 시공을 뛰어넘어 인간의 심리와 감정 표현을 보여 주기 때문이다. 당신도 이 책을 읽는 동안 무릎을 치면서 옛사람들의 언행에 공감할 수 있을 것이다.

고사성어는 또한 역사적 사건의 흔적들이 파편처럼 남아 있는 것이 많기에 몇 개의 고사성어만 엮어 읽어도 한 시대를 주름잡았던 인물들의 행적과 시대적인 흐름을 동시에 파악할 수 있어 살아 있는 역사 교과서 역할을 한다.

이것이 바로 옛사람들이 고사성어를 따로 공부한 이유일 것이다. 이 책에 등장하는 이야기들이 세상의 모든 고사성어들을 압축해서 나타내는 것은 아니지만, 그래도 하나를 통해 열을 알게 하는 지혜를 깨닫는 데는 부족함이 없을 것이다.

이 책의 구성은 하나의 고사성어를 소개하고 그 말의 탄생 배경과 거기서 파생되는 의미들을 차례로 해설했다. 여기에 동서양과 현대를 아우르는 사건들을 보태고 직조함으로써 고사성어를 현대적 관점에서 이해할 수 있게 꾸몄다.

예를 들어 〈1장 : 누가 제갈량을 지혜롭다 하는가?〉에서는

'언과기실言過其實'과 '읍참마속泣斬馬謖'을 설명하면서 그런 말들이 나오기까지의 과정과 역사적 의의, 그리고 군사 운용에 달인이라는 제갈량의 치명적인 단점 등 후세 사가들의 냉정한 평가를 소개하고 있다.

그밖에도 이 책은 독자들에게 도움을 줄 다양한 사례를 싣고 있어 인문처세의 교양을 쌓는 데 큰 도움을 줄 것이다.《젊은 논어》에 이어 출간된 이 책이 단순히 중국고전에서 추출한 인문학을 배우는 것을 넘어서 50대 독자들에게 경세經世의 지혜를 제공하는 한 권의 자기계발서로 읽혔으면 한다.

목차

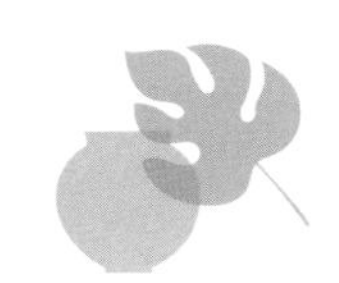

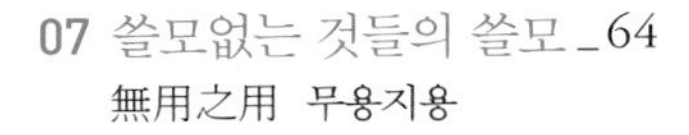

4장_ 현명한 새는 어디에 둥지를 틀까?

누가 제갈량을 지혜롭다 하는가?

言過其實 언과기실

영웅은 이렇게 냉혹해야 하는가?

吮疽之仁 연저지인

적을 혼란시키고, 오도하고, 기습하라

兵不厭詐 병불염사

전쟁은 속전속결이 결정한다

巧遲拙速 교지졸속

영리한 토끼의 계책을 배워라

狡兔三窟 교토삼굴

1장

누가 제갈량을 지혜롭다 하는가?

01
누가 제갈량을 지혜롭다 하는가?

言過其實 언과기실

말이 과장되고 실행이 부족함

유비는 알았지만 제갈량은 몰랐다

제갈량諸葛亮은 촉한의 지도자 유비의 군사軍師로 군사전략에 관한 탁월한 식견과 신출귀몰한 능력을 바탕으로 삼국시대의 혼란 속에서 일세를 풍미한 인물이다.

상대의 의중을 꿰뚫는 혜안과 앞날을 예측하는 천부적인 실력으로 유비를 보필했던 제갈량은《삼국지》에 등장하는 수많은 영웅 중에서 단연 최고의 자리에 있는 인물이기에 오랜 세월이 흐른 오늘날에도 많은 이들의 추앙을 받고 있다.

한편 마속馬謖은 제갈량의 절친한 벗 마량馬良의 동생으로,

제갈량은 마속이 빠른 두뇌 회전과 날카로운 비판 능력으로 군대의 흐름과 세상사를 평하는 모습에 감탄하며 그에게 참군參軍이라는 직책을 내리고 밤낮으로 군대 운용에 관한 문제를 상의했다. 그만큼 마속이 제갈량에게 인정을 받았다는 뜻이다.

유비는 가끔 마속이 제갈량의 막사를 드나드는 걸 목격하기도 했고, 제갈량과 무릎을 맞대고 전략을 숙의하는 광경을 지켜보기도 했다. 그러던 어느 날, 유비가 제갈량과 단 둘이 마주앉은 자리에서 뜻밖의 말을 한다.

"마속은 말이 실제보다 지나치니 높이 등용하지 마시오."

언행이 실제보다 지나치다는 뜻의 언과기실言過其實은 실속은 없이 과장해서 말을 하거나 화려한 말솜씨에 비해 실질은 부족한 경우를 가리킨다. 제갈량이 미처 보지 못한 부분을 유비가 보았다는 사실이 놀랍기만 하다.

울며 마속의 목을 베다

그럼에도 제갈량은 충직하고 선량한 마속을 멀리하지 않았다. 제갈량은 여러 전투에 마속과 함께 출병하기도 하고 마속에게 소규모 전투의 지휘를 맡기기도 했다.

유비가 죽은 뒤, 제갈량은 조조가 버티고 있는 위나라를 침공할 시기를 호시탐탐 엿보고 있었다. 점점 나이 들어가는 제갈량은 자신이 죽기 전에 유비의 소원이었던 위나라를 무찌르는 북벌北伐의 꿈을 이루고 싶었던 것이다. 그러던 중에 위나라의 사마의司馬懿가 보낸 군대가 갑자기 국경을 넘어 공격해 왔다는 급보가 날아들었다. 이때 마속이 자기가 당장 달려가 막아내겠다고 자청했다.

사마의는 조조의 군사로 사마중달司馬中達이라 불리는 백전노장의 전략가였다. 제갈량과는 오랜 악연으로 얽혔지만 그 또한 제갈량에 버금가는 지모智謀와 리더십을 발휘하는 영웅임에 틀림없었다. 그런 인물이니 마속이 감히 상대할 수 없는 강자 중의 강자였다.

그럼에도 제갈량은 다른 장수들이 더 노련하고 경험 많은 장수에게 선봉을 맡겨야 한다는 주장을 외면하고 마속에게 당장 달려가 위나라 군대의 공격을 막아내라고 지시했다.

이때 제갈량은 마속에게 수비만 하고 절대 공격해서는 안 되며, 만약 공격을 할 시에는 반드시 자신의 명령에 따라야 한다는 군령을 내렸다. 이에 마속은 힘차게 머리를 끄덕이며 명을 어길 시에는 목을 내놓겠다는 군령장까지 썼다.

이 싸움은 마속에게는 장수로서 명성을 얻을 기회였고 제갈량에게는 마속이라는 또 하나의 명장을 얻게 되는 기회였다. 게다가 이 기회에 사마의의 콧대를 꺾어 버린다면 향후 전투 계획에 지대한 영향을 미칠 것이었다.

미속은 상대가 바로 사마의였기에 반드시 이겨야 했고, 이겨야 하는 전략은 이미 제갈량이 짜놓은 상태였다. 그런데 이게 웬일인가? 마속은 전투가 벌어질 가정街亭 지역에 도착하자 어찌된 일인지 산꼭대기로 올라가 진을 치는 결정을 내렸다. 이것이 문제의 발단이었다. 산꼭대기에 진을 치면 군대의 기동이 어렵기 때문에 절대적으로 불리한 계책이었다. 수하장수들이 뜯어말렸지만 마속은 스스로 병법의 대가라 여기며 다른 사람들의 충고를 듣지 않았다.

마속은 산꼭대기에서 아래를 내려다보는 지리적 이점을 이용하려고 한 것인지 모르지만 여기엔 또 하나의 치명적인 약점이 도사리고 있었다. 전투에서는 병사들이 마실 물이 무엇보다 중요한데 산꼭대기에 진을 치면 병사들이 아래까지 내려가 물을 길어 올려야 한다는 점이었다. 이로써 마속의 군대는 시간적, 물적, 심리적 부담을 안고 싸움에 임하게 되었다. 대체 마속은 심중에 무슨 계책이 있었던 것일까?

마속의 산꼭대기 진지 구축은 당연하게도 고스란히 적에게 노출되었다. 적군이 마속의 군대가 물을 길어 나르는 오르막길을 차단해 버렸던 것이다. 이 때문에 전투 경험이 부족한 마속은 우왕좌왕 혼란에 빠졌고, 이 틈을 타고 위나라 병사들이 총공격을 해오기 시작했다.

이에 겁에 질린 마속의 병사들은 속수무책으로 도망쳤고 마속마저도 어찌할 바를 모르고 허둥댔다. 다행히 수하 장수들이 이끄는 병력 1천여 명이 적의 공세를 차단하고 여기저기 흩어진 병사들을 수합한 뒤에야 겨우 퇴각할 수 있었다. 이로써 제갈량은 형편없이 무너진 전진기지를 뒤로 하고 후퇴할 수밖에 없었다. 전투 경험이 부족한 상태에서 책에 적힌 병법만을 익혔던 마속에게는 너무도 당연한 결과였다.

제갈량을 지혜롭다고 할 수 있을까?

제갈량은 선처를 호소하는 참모들의 의견을 외면하고 약속대로 마속의 목을 베었다. 제갈량은 울음을 터뜨리는 장병들 앞에서 함께 눈물을 흘리며 극진히 제사지냈다. '울며 마속의 목을 베다'라는 뜻의 '읍참마속泣斬馬謖'은 여기서 유래되었다.

사람들은 법의 공정함을 위해 어려운 결단을 내린 제갈량의 읍참마속에 머리를 끄덕였지만, 그럼에도 불구하고 후세의 일부 역사가들 중에는 제갈량의 선택이 과연 옳았는지 이의를 제기하는 사람들도 있다. 대표적으로 동진東晉의 역사가 습착치習鑿齒는 저서《양양기襄陽記》에서 이런 글을 남겼다.

> 촉한은 원래 다른 나라에 비해 약소하고 인재도 드물다. 그런데 뜻밖에도 마속과 같이 뛰어난 이를 죽였으니, 이런 식으로 사람을 쓰면서도 대업을 이루려하는 것은 상당히 곤란한 일이 아니겠는가?

여기에 일부 역사가들은 이렇게 말하기도 했다.

마속에게 중책을 맡기지 말라는 황제의 권고를 무시하고 그에게 막중한 책무를 맡긴 제갈량의 책임이 더 큰 것이 아닐까? 이로 본다면 제갈량을 과연 지혜롭다고 말할 수 있을까?

예로부터 전쟁에서 패하고 돌아온 장수에게 제왕들은 '한 번 이기고 한 번 지는 것은 병가에서 항상 있는 일一勝一敗 兵家常事'이라고 말하며 문책 대신 오히려 격려의 상을 내렸다. 이런 사실을 제갈량이 모를 리 없었을 텐데 왜 제갈량은 마속에게 이런 아량을 베풀지 않았을까? 그래서인지 제갈량에 대한 후세의 역사가들의 평은 결코 호의적이지 않았다.

제갈량은 군대의 운용과 지휘에 누구보다 뛰어난 능력의 소유자였지만 미리 잘 짜인 계획으로 수행하는 전투가 아닌 갑작스럽게 전개되는 방어적 전투에는 속수무책으로 당하는 경우가 많았다. 임기응변 능력이 부족했다는 뜻이다.

제갈량이 사마의가 이끄는 위나라 40만 대군을 호로곡으로 유인하여 화공작전으로 몰살시킬 계획을 세웠을 때, 거의 성공을 앞에 두고 느닷없이 폭우가 쏟아지는 바람에 실패로 돌아가고 말았다. 적벽대전 때는 바람의 방향까지도 바꿨던 제갈량인데 이때는 아무런 손을 쓰지 못하고 이렇게 말했다.

일을 꾸미는 것은 사람이지만, 일을 이루게 하는 것은 하늘이다.

전략전술의 실패를 하늘 탓으로 돌리는 제갈량이 조금은 옹색해 보인다. 이때는 왜 바람의 방향을 바꿔 비가 오지 못하도록 만들지 못했을까?

제갈량이 그랬듯이, 누구나 살면서 한 번쯤은 읍참마속 같은 결정적인 순간의 선택을 하게 된다. 당신이 회사 경영자인데 부하직원들이 중요한 비즈니스를 방심 끝에 실패했다면 어떻게 할 것인가? 오랫동안 꿈꿔 왔던 목표를 이루기 직전에 믿었던 동료의 배신으로 좌초될 위기에 처했다면 어떻게 할 것인가?

이런 선택은 대단히 어려운 일이다. 읍참마속을 결단했던 제갈량의 선택은 결코 남의 일이 아니고, 그로 인한 결과는 온전히 당신의 몫이다. 리더라면 이런 위기 상황에서 어떤 선택을 할 것인지 항상 염두에 두고 있어야 한다. 지도자에게 결단은 조직의 운명을 결정하는 문제이기 때문이다. 제갈량의 선택은 우리에게 결단이 얼마나 중요한지를 말해 준다.

02

영웅은 이렇게 냉혹해야 하는가?

吮疽之仁 연저지인

남의 종기를 입으로 빨아 줄 만큼 사랑을 베풂

지극한 사랑인가, 의도된 사랑인가

《손자병법》과 함께 고대중국의 대표적 병법서로 꼽히는 《오자병법吳子兵法》은 위나라 오기吳起 장군이 남긴 명작이다. 손자병법이 주로 실제 싸움에서의 승리를 위한 전투 기술을 설명한다면 오자병법은 정공법을 바탕에 둔 전략을 말하고 있어 두 권을 동시에 읽으면 상호보완적 내용이 된다고 한다.

이순신 장군이 남긴 말로 유명한 '반드시 죽고자 하면 살고, 반드시 살고자 하면 죽는다必死則生 必生則死'는 원래 《오자병법》에 나오는 '반드시 죽고자 하면 살고, 요행히 살고자 하면 죽을 것이다必死則生 幸生則死'를 조금 바꾼 표현이다. 이순

신 장군은 오자병법을 읽으며 실제 전투에서 적극적으로 활용했다고 한다.

오기는 졸병들과 똑같이 먹고 자고 입는 장수로 유명했다. 누울 때도 자리를 깔지 않고 행군할 때도 장군이 타는 수레에 타지 않고 병사들과 함께 걷는 등 병졸들과 생사고락을 함께 했다. 심지어 오기는 다리에 종기가 생긴 병사가 있으면 당장 달려가 고름을 자기 입으로 쭉쭉 빨아 주곤 했다. 이를 '연저지인吮疽之仁'이라 부른다.

생각해 보라. 군대를 이끄는 지휘관이 종기로 인해 벌겋게 부어오른 병사의 다리에 입을 대고 빨아 주다니, 병사들은 이런 장군에게 목숨을 바쳐서라도 은혜에 보답하겠다고 다짐하게 될 것이다.

여기까지만 들으면 오기가 얼마나 자애로운 장수인지 알게 되지만 병사의 어머니 입장에서는 전혀 다른 반응이 나올 수밖에 없다. 아들이 오기 장군 덕분에 다리에 난 종기가 나았다는 소식을 들은 어머니는 대성통곡을 했다. 사람들이 까닭을 묻자, 여인은 이렇게 대답했다.

"제 남편도 오기 장군 밑에서 복무할 때 종기가 나자 장군이 고름을 빨아 주었답니다. 그 일에 감격한 남편은 용감하게 싸우다가 끝내 전사하고 말았지요. 그런데 이제 또 아들의 고름을 빨아 주었으니, 그 아이도 틀림없이 죽게 될 것입니다."

아내의 목을 베어 결백을 표현하다

오기 장군은 어떤 사람이었을까? 그의 인간적인 면모를 단번에 알게 하는 사건이 있다. 오기가 노나라에 있을 때, 제나라의 대군이 쳐들어 왔다. 어느 모로 보나 노나라는 제나라의 상대가 될 수 없는 약소국이었고, 그들에 맞서 싸울 장수 또한 마땅히 없었기에 노나라 조정은 혼란에 빠졌다.

급히 중신회의가 열리고, 누구를 대장군으로 임명할지 의논했지만 쉽게 결론이 나지 않았다. 이때 한 사람이 오기 장군을 추천했다. 그는 오기 장군이 비록 노나라 태생은 아니지만 어느 모로 보나 대장군으로 충분하다고 말했다. 중신들이 대부분 머리를 끄덕였지만, 한 신하가 손을 번쩍 들고 반론을 폈다.

"오기의 아내가 우리를 침략한 제나라 대부의 딸인데, 과연 그런 상황에서 그가 배반이라도 하면 어떻게 하겠소?"

이 한 마디에 조정의 분위기는 싸늘히 식어 버렸다. 노나라로 오기 전에 오기는 제나라 대부의 눈에 들어 그의 딸과 혼인을 했던 것이다. 조정에서 한참 이런 논의가 진행되고 있을 때, 오기는 소식을 듣고 난감해졌다. 모처럼 대장군이 되어 입신출세할 기회가 찾아왔는데 아내 때문에 수포로 돌아간다면 죽을 때까지 후회할 일이었다.

이에 오기는 결단을 내렸다. 그는 당장 집으로 달려가 일말의 망설임도 없이 아내의 목을 베고는 그 길로 조정으로 달려갔다. 오기는 왕과 중신들 앞에 피가 뚝뚝 떨어지는 아내의 목을 내놓으며 자신의 의지와 결백을 내보였다.

중신들은 기겁을 했지만 그만한 결기라면 믿어 볼 만하다고 생각했다. 결국 오기는 대장군에 임명되어 전장에 달려 나가 제나라 군대를 기상천외한 전략전술로 물리침으로써 단숨에 노나라 최고의 국민영웅이 되었다.

영웅은 이렇게 냉혹하고 잔인해야 하는 것인가?

그는 과연 영웅인가? 영웅은 이렇게 냉혹하고 잔인해야 하는 것인가? 그는 한 사람의 군사 전략가이기 이전에 현실정치에 안주하지 않고 강력한 개혁을 부르짖는 강고한 법치주의자였다. 그러나 개혁은 항상 격렬한 저항을 부르기 마련이므로 그가 출세 길을 달릴 때 개혁의 대상자인 귀족이나 대신들은 그에게 반기를 들고 몹시 증오했다.

이후에 그가 초나라 왕의 기용으로 재상에 임명된 것은 그의 삶에 최고의 영광이었지만, 이것이 그에게 최악의 결과를 낳게 될 줄은 그 자신도 몰랐다.

오기는 주변의 여러 나라를 침략하여 초나라 영토를 넓히는 한편으로, 정치면에서 대대적인 개혁을 단행하여 쓸모없는 관직을 폐지하고 기득권층의 재산을 몰수하여 군비를 확충하는 등 일대 혁신을 단행했다. 이런 상황에서 많은 사람의 희생은 불가피한 일이었다.

그러다 그를 밀어 주었던 왕이 죽자 상황이 급변했다. 그동안 오기의 개혁정책으로 특권을 잃었던 기득권층이 똘똘 뭉쳐 오기를 공격했던 것이다.

결국 오기는 도움을 주는 장수가 한 명도 없는 상태에서 허겁지겁 도망치다 병사들이 쏘아대는 화살을 무수히 맞고 비참하게 죽고 말았다. 그러자 어제까지 그에게 아부하고 충성하던 벼슬아치들까지 달려와 그의 시체를 밟으며 침을 뱉었다고 한다. 살아온 인생만큼이나 드라마틱한 최후였다.

두려워하고, 또 두려워하라

여기 4명의 오기 장군이 있다. 종기가 난 병사들의 다리에 입을 대고 빨아 주는 자애로운 어머니 같은 오기 장군이 있고, 아내의 목을 베는 피도 눈물도 없이 잔혹한 오기 장군이 있다. 개혁을 위해 나라의 부패세력을 과단성 있게 척결하는 법치주의자 오기 장군이 있고, 기득권층에 쫓겨 허겁지겁 도망치다 화살받이가 되어 비참하게 죽은 오기 장군이 있다.

우리는 오기 장군의 일생을 보면서 그의 삶이 처음부터 끝까지 놀랍도록 과격했다는 사실을 발견한다. 그토록 짧지만 격렬했던 그의 삶을 보며 공자의 말씀이 떠오른다. 제자가 큰 일을 할 때 어떤 사람을 쓰겠느냐고 묻자, 공자는 이렇게 대답했다.

나는 맨주먹으로 범을 때려잡고 맨몸으로 강을 건너다 죽어도 후회하지 않겠다는 사람과는 함께하지 않겠다. 큰일을 할 때 두려워할 줄 알고, 지혜를 모아 일을 성사시킬 사람과 함께 할 것이다.

맨주먹으로 범을 때려잡고 맨몸으로 강을 건너다 죽어도 후회하지 않겠다는 태도를 '포호빙하暴虎馮河'라 하고, 큰일을 할 때 옷깃을 여미고 두려워할 줄 아는 태도를 '임사이구臨事而懼'라 한다. 포호빙하는 오기의 삶을 대변하는 듯하고, 임사이구는 오기의 삶과는 거리가 멀기만 해서 큰 울림으로 다가온다.

우리는 그의 삶으로부터 무엇을 배울 수 있을까? 항상 더 높은 곳을 향해 폭풍처럼 질주하기만 했던 오기 장군의 삶을 차라리 연민의 눈으로 바라보게 되는 이유는 무엇일까?

임사이구는 세종대왕의 좌우명이기도 했다. 국사를 처리하면서 늘 근심하고 두려워하는 마음으로 임했던 세종의 노고가 눈에 보이는 듯 선하다.

바로 이러한 마음으로 백성을 살폈기에 세종대왕은 조선

왕조 500년을 통틀어 최고의 군주로 추앙받는 것이다. 만년에 이르러서 온갖 질병에 시달렸던 세종대왕은 그럼에도 불구하고 죽는 날까지 임사이구의 정신을 잃지 않았다고 한다.

그렇다. 임사이구는 하루하루 인생이라는 큰일을 치러나가는 우리가 가슴에 새겨야 할 금언이다. 호랑이를 때려잡겠다는 포부가 아니라 세상을 두려워하는 겸허하고 진중한 태도가 필요하기 때문이다.

03

적을 혼란시키고, 오도하고, 기습하라

兵不厭詐 병불염사

전쟁에 임해서는 적을 속이는 일도 마다하지 않음

진짜 위대한 장군은 누구인가

고대 중국의 군사전략가 손자孫子는 이렇게 말했다.

전투에서 이기려면 정면승부가 아니라 적의 배후나 측방에 침투하여 최대한 신속하게 공략하라.

손자의 말과는 달리 많은 장수들이 정면승부를 좋아한다. 정면승부가 더 멋있고 당당해 보이기 때문이다. 당당한 승리야말로 모든 장수들이 꿈꾸는 최고의 훈장이기는 하다. 그러나 손자는 군사력에서 압도적인 우세가 아니라면 정면승부는 위험하기 짝이 없는 전략이라고 못을 박는다. 그런 전략은 전쟁의 원리를 모르는 멍청한 짓이라는 것이다.

사람이 그렇듯이 모든 군대는 전방보다는 후방의 위협에 더 취약하다. 강력하고도 갑작스럽게 적의 후방을 공격하면 적을 일시에 혼란에 빠뜨릴 수 있고, 적의 입장에서 느닷없이 배후를 공격당하면 조직과 배치가 일시에 무너질 수 있으며 퇴로를 차단당하고 보급품의 수송과 증원까지 멈추게 되는 치명적인 위험에 빠질 수 있다. 손자는 말한다.

> 모든 전쟁의 승리는 기만작전에 근거한다. 공격할 수 있을 때 공격할 수 없는 것처럼, 군사를 사용할 때 활동하지 않는 것처럼, 적과 근접했을 때는 멀리 있는 것처럼, 멀리 있을 때는 가까이 있는 것처럼, 항상 적을 철저히 속이는 미끼를 던져라.

위대한 장군이 되고, 그럼으로써 그를 탁월한 영웅으로 만드는 요인 중 하나는 앞뒤 가리지 않고 적과 직접 교전하자는 대다수의 주장을 배척하고 적진을 은밀히 우회하여 최대한 신속하게 후방을 공격하는 것이다.

많은 위대한 장군들이 이렇게 싸워 승리를 거두었고, 더 많은 용렬한 장수들이 정면승부를 선택했다가 돌이킬 수 없는 패배를 맛보았다.

그럼에도 전자와 같은 장군들이 희귀한 이유는 기만전술이나 간접적인 공격 방법을 택하는 인물에게는 비겁한 지도자라는 딱지가 붙고 심지어 정당하지 못한 방법으로 이기려고 한다는 불명예를 안겨 주기 때문이다. 어떤 장군이 이런 수치스러운 낙인을 원하겠는가? 그렇기에 대다수 장군들이 원하든 원치 않든 직접적으로 적의 아가리 속으로 뛰어드는 것이다.

내가 동료를 속일 수 있다면

남북전쟁 때 남부연합군 지휘관으로 활약하면서 수많은 전투에서 승리를 거두었던 스톤월 잭슨Stonewall Jackson 장군은 부하들에게조차 자신의 전투 계획을 발설하는 걸 꺼릴 정도로 비밀주의를 고수하는 장군으로 유명했다.

그렇기에 부하들은 그가 수많은 전투에서 승리하는 탁월한 지휘관임에는 의심하지 않았지만 내심으로는 접근하기 어려운 이상한 사람으로 여겼고, 심지어 핵심참모들조차 그를 대화가 통하지 않는 독불장군으로 생각했다. 하지만 이런 비난에 그의 대답은 간단하고도 분명했다.

"동료들을 속일 수 있다면 틀림없이 적도 속일 수 있다."

전쟁에 임해서는 적을 속이는 일도 마다하지 말아야 한다는 원칙은 고대중국의 책략가 한비자韓非子도 주장한 바 있다. 이를 '병불염사兵不厭詐'라고 한다. 탁월한 장군은 거짓정보를 계속 퍼뜨려서 적을 혼란에 빠뜨리는 한편으로 기습적인 공격과 후퇴를 반복하여 끝내 적군을 물리친다는 원칙이다.

여기 이러한 전쟁 원칙을 무시하고 당당히 정면승부를 벌였다가 패배의 쓴잔과 함께 목숨까지 잃은 제후가 있다. 춘추시대 송나라의 양공襄公이 그런 사람이다.

어느 날 양공이 당대 최강국의 하나로 손꼽히는 초나라 군대와 국경의 강가에서 일전을 벌이게 되었다. 그 전에 신하들은 약소국이 강대국과 싸우는 일은 불가하다며 극구 뜯어말렸지만 양공은 회피할 생각이 전혀 없었다.

마침내 결전의 시간, 전쟁터에 먼저 도착한 송나라 군대는 전열 정비를 마쳤지만 초나라 군대는 뒤늦게 건너편 강가에 도착해서 병사들이 차례로 강을 건너려고 했다. 그때 부하 장수가 달려와 양공에게 아뢰었다.

"적군은 수가 많고 우리는 적으니, 저들이 아직 절반밖에 강을 건너지 못한 지금 당장 공격하면 이길 수 있습니다."

그러나 양공은 곤란한 처지에 놓인 적을 공격하는 것은 장수의 도리가 아니라며 적군이 완전히 강을 건너 전열을 정비한 후에 싸우자고 말했다. 이런 계책은 그 어떤 병법서에도 나와 있지 않은 해괴한 논리였다. 멀리서 이 광경을 지켜보는 초나라 군대는 이게 웬 떡인가 했을 것이다.

송나라 군대는 양공의 명령대로 초나라 군대가 완전히 강을 건너고 싸울 태세를 마친 후에 전투를 시작했지만 승부는 진즉에 결판이 나 있었다. 병력에서 열세인 송나라 군대는 처참하게 패하고 말았고, 양공은 다리에 큰 상처를 입고 끙끙 앓다가 얼마 후 죽고 말았다. 이것이 바로 유명한 고사성어 '송양지인宋襄之仁'을 낳은 사건의 전말이다.

후세의 역사가들은 이 일을 이렇게 평했다.

"싸움이란 승리함으로써 공을 세우는 것이다. 여기에 무슨 예의가 필요하단 말인가? 양공의 말대로 하자면 처음부터 싸울 필요도 없이 노예가 되었어야 하지 않겠는가?"

적을 속여서라도 이기지 못한 양공처럼, 우리 주변엔 쓸데없는 배려로 천재일우의 승리 기회를 걷어차 버리는 사람들이 많다. 경쟁기업이 멋진 완성품을 만들 때까지 기다려 주는 회사를 생각할 수 있을까? 경쟁자가 충분히 실력을 쌓을 때까지 기다려 주는 검객을 상상할 수 있을까?

'병불염사'는 적을 혼란시키고, 오도하고, 기습하라는 손자의 가르침을 고스란히 함축하고 있는 말이면서 동료를 속일 수 있다면 적도 간단히 속일 수 있다는 스톤월 잭슨 장군의 말이기도 하다.

전쟁에서 자비나 은혜로움 따위는 필요 없다

우리는 이 말에서 죽느냐, 사느냐 결판을 내야 하는 전쟁에서 적에 대한 예의나 배려는 금물이라는 사실을 깨닫는다. 역사책에 이름을 남긴 명장들의 승전 기록에 자비나 은혜로움 따위의 언어는 찾아볼 수 없는 이유가 바로 이것이다. 적에 대한 무자비한 파괴와 돌이킬 수 없는 고통만 안겨줄 뿐이다.

이것이 단순히 전쟁에만 적용되는 말일까? 이것을 기업사회는 어떻게 받아들여야 하고, 개인은 또 어떤 교훈을 얻어야 할까? 경쟁자에 대한 배려나 예의를 완전히 무시하라는 말로 듣는다면 손자나 한비자의 말을 잘못 알아들은 것이다.

생존경쟁이라는 전쟁을 치르면서 상대방을 호도하고 기습하고 기만하는 전략만으로 일관한다면 그의 미래는 어떻게 될까? 나에게 손자와 한비자의 말은 어떤 상황에도 '대범하고 냉철하라'는 한 마디로 들린다.

경쟁 상대에 비해 결코 우세하지도 않으면서 다짜고짜 맞장 대결을 청하는 장수에게 승리가 주어질 리 없다. 승리를 위해서는 충분한 준비와 면밀한 계획, 강력한 추진력이 필요하다. 이 모든 행위는 냉철하지 않으면 이룰 수 없는 승리의 필요충분조건들이다.

성공을 꿈꾸는가? 그렇다면 스톤월처럼 석벽이 되어 세상의 폭풍에 맞서라. 얼음처럼 차가운 가슴과 여우처럼 영리한 두뇌, 여기에 상대를 압도할 힘을 길러라. 그것이 오늘의 우리에게 손자가 가르쳐 주는 승리의 비결이다.

04
전쟁은 속전속결이 결정한다

巧遲拙速 교지졸속

조금 부족해도 빠르게 일처리를 하는 것이 더 낫다

전쟁은 빨리 이기는 것이 중요하다

다음은 《손자병법》〈작전作戰〉에 나오는 글이다.

방대한 규모의 군대를 동원하여 전쟁을 벌일 때는 속전속결로 승리를 쟁취해야 한다. 싸움을 질질 끌게 되면 병사들이 피로에 지쳐 사기가 꺾이고, 이런 상태에서 적의 성을 공격하게 되면 병력을 다수 잃게 되고 군대를 나라 밖으로 끌고 나가서 오랜 시간 작전을 펼치면 나라의 재정은 고갈되고 만다.
장기전으로 병사들이 지치고 사기가 꺾이면 다른 나라들이 틈새를 치고 들어오게 되고, 그렇게 되면 아무리 지혜로운 장수라도 수습하지 못하게 된다. 전쟁 준비에 다소 부족함이 있더라도 속전속결로 승리를 쟁취한 경우는 있어도 전쟁 준비를 완벽하게 갖추고 장기전을 치르며 승리한 경우는 없다.

이 문장을 한 마디로 '교지졸속巧遲拙速'이라고 한다. 아무리 뛰어난 능력을 갖고 있어도 미적거리며 준비하는 시간이 많다면 다소 부족해도 재빨리 해치워 버리는 사람을 상대하기 어렵다는 뜻이다.

교지졸속은 전쟁에만 국한된 말이 아니다. 사회라는 전쟁터에서도 똑같은 원리가 적용되기 때문이다. 좀더 완벽한 제품을 생산하기 위해 연구에 연구를 거듭하며 시간을 끄는 동안 경쟁기업이 우리와 비교해 성능이 다소 떨어지는 비슷한 제품을 만들어 시장을 석권하는 경우가 많다.

시중에 나오는 발명품 중에는 조금 성능이 떨어져도 속전속결로 특허를 받아 상품화해서 큰돈을 벌어들인 경우가 많다. 나중에 발매되는 상품은 아무리 우수해도 아류작으로 취급되어 시장에 발을 못 붙이는 경우도 허다하다.

고대 중국의 시대에는 서로 으르렁거리는 두 나라가 누가 먼저 침략할 것인지 기회를 엿보는 일이 허다했다. 두 나라는 서로 전쟁을 일으킬 대의명분 때문에 기회를 미루게 되는데, 그런 광경을 멀리서 바라보던 강대국이 두 나라 중 더 약한 나라를 재빨리 먹이치우는 일이 상당히 많았다.

'방휼지세蚌鷸之勢'라는 말이 있다. 서로 이익을 차지하려고 양보하지 않고 버티다 제삼자에게 이익이 넘어가게 되는 형국을 일컫는 말이다. 강대국 조나라가 약소국 연나라를 치려고 준비를 서두를 때, 연나라의 재상 소대蘇代가 조나라에 사신으로 와서 전쟁을 멈춰달라고 왕을 설득했다.

"제가 여기 올 때, 역수易水를 지나다 우연히 목격한 일이 있습니다. 큼지막한 조개가 입을 벌린 채 볕을 쬐고 있는데, 도요새가 날아와 조개를 쪼자 조개가 급히 입을 다물어 버렸습니다. 먹으려는 도요새와 먹히지 않으려는 조개가 한참 다투고 있는데, 마침 지나가던 어부가 힘들이지 않고 둘 다 잡아갔습니다. 그와 마찬가지로 연나라와 조나라가 싸워 국력을 소모하면 더 강한 진나라가 어부가 되어 맛있는 국물을 마시게 될 것입니다."

조나라 혜문왕은 소대의 말을 알아듣고 당장 전쟁 계획을 중단했다.

항우의 잘못된 선택

기원전 207년, 항우項羽는 그의 나이 26세 때 이미 40만 대군을 이끄는 대장군이 되어 있었다. 이 무렵에 중국 대륙에서 항우와 비견될 만한 세력은 유방劉邦 말고는 아무도 없었지만 유방마저도 항우의 세력에 비하면 아직 미미했다.

이제 항우는 진시황제가 아방궁을 짓고 천하를 다스리던 진나라 수도 함양으로 진격하여 천하를 다스리는 황제가 될 일만 남아 있었다. 그런데 어느 날 항우에게 급보가 날아들었다. 유방이 이미 함양을 함락시켰다는 것이었다.

함양은 대륙의 심장과 같은 핵심 요지로 누구든 이곳을 먼저 차지하는 자가 왕이 된다는 게 정설이었다. 그렇다는 것은 유방이 먼저 함양을 함락했기에 유방이 천하의 주인이 된다는 얘기였다.

이에 분노한 항우는 유방의 군사를 단숨에 짓밟아 버리기 위해 대군을 이끌고 진격하여 함양의 동남방에 있는 홍문鴻

門에 진영을 설치했다. 당시 항우의 군사는 40만이었고, 유방의 군대는 10만이었다.

그때 항우에게는 범증范增이라는 책사가 있었다. 그는 70세가 될 때까지 은거생활을 하다가 진나라 말기에 초나라를 재건하기 위해 반란을 일으킨 항우의 숙부 항량의 휘하에 들어갔다가 그 뒤 서초패왕을 자처하는 항우의 참모가 되었다.

항우는 참모 범증의 건의에 따라 유방을 제거하기로 하고 이튿날 새벽 유방을 공격할 계획을 세웠다. 그런데 이때 모든 상황을 꿰뚫고 있던 유방이 발톱을 감추고 단지 100여 명의 군사만을 데리고 항우를 찾아와 납작 엎드리더니 관중을 먼저 차지하게 된 것을 사죄하는 한편으로 항우에게 대항할 의사가 전혀 없음을 거듭 약속했다.

이에 항우는 금세 마음이 풀어져서 유방 제거 계획을 철회하는 것은 물론 유방을 자기 처소에 불러 술잔치까지 베풀었다. 장래 항우에게 큰 장애가 될 것이 분명한 유방을 제거하려고 했던 범증이 달려와 항우에게 당장 유방을 없애야 한다고 거듭 말했지만 항우는 끝내 외면했다.

이에 범증은 심복을 불러 검무劍舞를 추다가 유방을 죽여 버리라고 시켰는데, 이마저도 유방을 경호하던 번쾌樊噲가 눈치채고 재빨리 달려와 항우를 상대해 검무를 추었다. 항우가 번쾌의 호쾌한 검무에 정신을 놓고 있는 사이에 유방은 잽싸게 자기 진영으로 도망쳤다. 하룻밤 사이에 벌어진 이 일로 인해 항우와 유방의 운명은 극명하게 갈렸다.

누구보다 야망이 컸던 항우는 이렇게 마음속 한쪽에 결단을 미루는 소심한 면이 있었다. 항우가 한신이 이끄는 한나라 대군과 최후의 결전이 벌어졌던 해하垓下에서도 이런 성격은 여지없이 드러나 고향 강동으로 돌아가 후일을 모색하자는 부하들의 간절한 청을 외면하고 분노와 수치심에 못 이겨 자살해 버렸다.

홍문에서 유방을 죽일 절호의 기회를 놓쳤을 때, 모든 것이 수포로 돌아가자 범증이 탄식했다.

"아, 경험 없는 어린아이와는 대사를 도모할 수 없구나. 장차 천하를 손아귀에 넣을 사람은 유방일 것이다."

누구나 항우의 승리를 예견하던 시기에, 항우의 참모인 범증이 이렇게 말했다는 것이 놀랍기만 하다. 범증의 말대로 항우는 아이같은 유치함과 아낙네 같은 약한 마음으로 일관하다가 스스로 패배의 쓴잔을 들고 말았다.

뛰면서 생각하라

우리는 자주 망설이고, 걱정하고, 미룬다. 결단이 늦을수록 고민의 무게는 더해져서 어느 순간이 되면 그 무게에 압도되고 만다. 그러면 이제부터는 고민의 노예가 아니라 인생의 노예로 살며 허덕이게 된다.

그렇다고 무조건 빠른 결단만이 좋다는 말이 아니다. 그러나 망설이며 미적거리는 것보다는 일단 시작하고, 그러면서 생각을 거듭하며 뛰어가는 방법도 있다. 오래 전에 어느 책에서 이런 글을 읽은 적이 있다.

무슨 일을 하기 전에 세심하게 준비하는 것은 좋은 일이다. 그러나 새로운 일을 시작하겠다고 결심하기 전에 세심하게 조사할수록 대개는 그만두는 편이 낫다는 결론에 이르게 된다. 돌다리를 두들겨 보고 안전을 충분히 확인한 다음에 건너겠다고 결심한다면, 당신은 영원히 돌다리를 건너지 못할 것이다.

돌다리를 충분히 두드려 보고, 그것도 성에 안 차서 남들이 모두 지나가는 것을 보고 안전하다는 걸 알고 건너는 사람도 있다. 그런 세심함이 틀렸다는 건 아니지만 그것이 성공의 기회를 기다리는 태도라면 문제가 있다. 기회는 나무에서 툭 떨어지는 사과가 아니기 때문이다.

전쟁 준비에 다소 부족함이 있더라도 속전속결로 승리를 쟁취한 경우는 있어도 전쟁 준비를 완벽하게 갖추고 장기전을 치르며 승리한 경우는 없다.

손자의 말이다. 어떤 일을 결단해야 할 때는 항상 이 말을 명심하자.

05
영리한 토끼의 계책을 배워라

狡免三窟 교토삼굴

영리한 토끼는 도망칠 구멍을 미리 세개를 파놓는다

위기가 닥치기 전에 미리 대비해야 한다

중국 전국시대 말기를 주름잡았던 사람 중에 제나라의 맹상군孟嘗君이라는 인물이 있었다. 원래 이름은 전문田文으로, 워낙 호방하고 담대해서 하루에 그의 저택을 드나드는 식객이 3,000명을 넘을 정도로 북적였다고 한다.

제나라 위왕의 막내아들로 태어난 그는 왕족이라는 신분적 위치뿐만 아니라 뛰어난 식견에 호탕한 성품까지 갖추고 있어 많은 사람들이 따랐고, 심지어 다른 나라의 초청을 받아 정치 자문 역할까지 하는 등 종횡무진 활동했다.

그러나 군주보다 신하의 명성이 더 높으면 반드시 군주의 미움을 받게 되고, 끝내 버림을 받는 법이다. 맹상군이 왕의 외면을 받기 시작해 실의에 찬 나날을 보내게 되자, 그렇게 많던 식객들마저 모두 떠나고 옆에 풍환馮驩이란 사람만이 남게 되었다. 그는 맹상군의 재기를 돕기 위해 자신이 발 벗고 나서겠다며 이렇게 덧붙였다.

"영리한 토끼는 구멍을 세 개를 뚫고 만일의 사태에 대비합니다. 제가 경을 위해 세 개의 굴을 만들어 드리겠습니다."

그 뒤 맹상군은 풍환이 마련한 계책에 따라 행동했고, 마침내 왕의 미움에서 벗어나 재상 자리에 다시 올랐으며 여러 나라에서 모셔가는 등 예전의 명성을 되찾게 되었다.

꾀 많은 토끼가 도망갈 구멍을 셋은 파놓는다는 뜻의 '교토삼굴狡兔三窟'은 사람도 위기가 닥치기 전에 미리 대비해야 한다는 말로 유비무환과 함께 자주 쓰인다.

초식동물인 토끼는 먹이사슬의 최하단에 위치하기 때문에 사방이 천적이다. 그렇기에 토끼는 영리한 머리와 다산多産을 생존 전략으로 생명을 유지한다. 주변 짐승의 공격을 피하려면 행동이 재빨라야 하고 은신처를 많이 만들어 두어야 하며 종족 번성을 위해 자식을 많이 두어야 한다는 사실을 본능적으로 알고 있는 것이다. 교토삼굴은 그래서 생긴 말이다.

죽기를 각오하고 싸우다

한나라의 한신韓信이 조나라를 공격할 때의 일이다. 한신이 2천 명의 기병을 선발하여 조나라 성채 바로 뒤에 매복시키고 이렇게 말했다.

"우리 병사들이 성벽 아래에서 조나라 군대와 맞서다가 후퇴하면 저들은 우리를 단숨에 무찌르려고 성채까지 비우고 총공격을 해올 것이다. 그 틈을 타서 너희들은 재빨리 조나라 성채로 들어가 한나라 깃발을 높이 올려라."

패배하고 도망치는 적군을 박살내지 않으면 후환이 생기기 때문에 한신은 조나라 군대가 무섭게 추적해 올 것을 짐작하고 있었다.

한신은 그 전에 먼저 1만 명의 병사들을 선발하여 한나라 군대의 뒤로 흐르고 있는 강 앞에 진을 치게 했다. 일찍이 병법의 달인 손자는 강을 등지고 싸우는 전략은 패배의 길로 직결된다고 지적한 바 있다. 싸움을 벌이다가 밀리게 되면 도망칠 길이 없기 때문이다.

그럼에도 한신이 한나라 군대로 하여금 이렇게 진을 치라고 명령한 이유는 무엇일까? 여기서 물러서면 강물에 빠져 죽는 것이니 병사들로서는 싸우다 죽으나 물에 빠져 죽으나 죽음은 매일반인 상황이다. 한신의 노림수는 이것이었다.

"죽기로 작정하고 싸우면 살고, 살자고 작정하며 피할 구멍을 만들어 놓으면 반드시 죽는다."

죽기를 각오하고 싸우는 한나라 군대에 맞선 조나라 병사들은 훨씬 많은 병력을 보유하고도 패배할 수밖에 없었고, 한신의 예상대로 퇴각을 하려니 이미 성은 한나라 병사들이 점령하고 있어 오도 가도 못하는 신세가 되었다.

우리가 흔히 '배수진을 쳤다'는 뜻으로 말할 때, 강을 등지고 진을 친다는 뜻의 이 말은 더 이상 물러설 곳이 없어 목숨을 걸고 싸울 수밖에 없는 상황을 일컫는다.

누가 먼저였는지는 모르지만 초나라의 항우項羽도 비슷한 전략을 쓴 적이 있다. 항우가 진나라를 치기 위해 대군을 이끌고 장하長河를 건널 때였다. 항우가 돌연 타고 온 배를 모조리 부수고 싣고 온 솥마저도 전부 깨뜨리고는 병사들에게 사흘 치 식량만 나눠 주었다.

이제 돌아갈 배도 없고, 밥을 지어먹을 솥마저 없으니 병사들은 결사항전 외에는 다른 도리가 없었다. 이를 '파부침주破釜沈舟'라고 한다. 항우의 명령에 따라 병사들은 무서운 기세로 적진을 향해 달려 나갔고 마침내 대승을 거둘 수 있었다.

열정만으로는 안 된다

병사들을 극한의 상황에 내던지는 이런 전략을 통해 장수들이 얻으려는 바는 분명했다.

"죽기를 각오하고 싸워라. 그러면 이긴다."

그러나 한신이나 항우의 전략은 아무 대비도 없이 무조건 죽기 살기로 싸우라는 것은 아니다. 혹시 있을지 모를 사태에 대비하는 치밀한 계획 없이, 그리고 병사들이 전략전술에 대한 이해가 부족한 상태에서 불나비처럼 무조건 불 속으로 뛰어들 수는 없기 때문이다.

언젠가 어느 유명기업의 인사부장이 TV에 나와 신입사원의 취업 조건에 대해 묻는 사회자에게 젊은이들은 열정만 가지고 오면 된다고 대답했다. 다른 것은 필요 없고 열정만 있으면 된다고? 나는 그 말이 이해가 되지 않았다.

열정은 필요하다. 하지만 그 회사가 요구하는 열정은 회사가 짜놓은 프레임에 맞춰서 군소리 말고 착하고 성실하게 일만 하면 된다는 뜻으로 들렸다. 그 회사는 아직도 근면 성실하고 상사에 순종하는 직원을 원하는 건 아닌지 의심스러웠다.

그보다는 위기에 대비해 세 개의 굴을 파는 토끼처럼 영리하고, 일을 할 때는 배수진을 치고서라도 반드시 이루겠다는 집념을 더 원해야 하지 않을까? 단순히 열정 하나만으로는 시계추처럼 정해진 일만 하는 기계로 전락할 위험이 있기 때문이다.

누군가는 교토삼굴의 '교狡'를 재빠름이나 영리함보다는 교활함이라고 해석한다. 이는 연약한 짐승 토끼의 생존을 위한 필사적인 노력을 모르고 하는 말이다. 사람이 미래를 위한 대책으로 3가지를 마련하는 것을 교활하다고 할 수 없는 것과 마찬가지다.

얼마 전 어느 사회학자가 요즘 젊은이들은 끈기, 집념, 땀의 가치를 놀랍도록 외면하는 경향이 있다고 말했다. 배수진은 반드시 이겨내고야 말겠다는 각오의 산물인데, 이런 마음 자세가 현저히 부족하다는 뜻이다. 토끼가 세 개의 굴을 파놓는 것 역시 배수진의 하나로, 어떻게든 살겠다는 의지의 표현이 아닐까?

아무 때나 배수진을 치면서 살 수는 없다. 하지만 자기 인생을 결정하는 순간이 오면 강을 등지고 진을 치듯 솥단지를 모조리 깨뜨리든 죽을 각오로 덤벼들어야 한다. 그러지 않으면 기회는 삽시간에 날아가 버리게 된다. 살다 보면 배수진을 치게 되는 날이 반드시 온다. 죽기 살기로 맞서야 할 그런 날이 오면, 당신은 어떻게 할 것인가?

옛사람들의 자녀교육법

敎子採薪교자채신

쓸모없는 것들의 쓸모

無用之用무용지용

세상에서 가장 강력한 힘은 긍정이다

歲月不待人세월부대인

늙은 말의 지혜를 배워야 하는 이유

老馬之智노마지지

부자들이 장사를 잘하는 이유

多錢善賈다전선고

2장

부자들이 장사를 잘하는 이유

06

옛사람들의 자녀교육법

敎子採薪 교자채신

자식에게 땔나무를 구해오는 법을 가르치다

땔나무를 해오는 요령

당나라의 임신사林愼思라는 사람이 맹자의 인품과 학문을 흠모하여 《속 맹자續孟子》라는 책을 지었다. 여기에 이런 이야기가 나온다. 노나라의 어떤 아버지가 아들에게 땔나무를 해오라면서 이렇게 말했다.

"너는 여기서부터 백 보 떨어진 곳 있는 나무를 먼저 해오겠느냐? 아니면 힘이 들더라도 백 리 떨어진 곳에 있는 나무를 먼저 해오겠느냐?"

아들이 당연히 백 보 떨어진 곳의 나무를 먼저 해오겠다고 대답하자 아버지가 말했다.

“그곳은 언제든 해올 수 있다. 하지만 백 리 떨어진 곳에 있는 나무는 누가 먼저 가져갈지 모르니 그곳부터 가져온 뒤에 집 근처에 남아 있는 나무를 가져와야 하지 않겠느냐?”

아버지의 말을 알아들은 아들은 당장 먼 곳으로 떠났다. 물고기 잡는 법을 가르치기보다는 물고기 한 마리로 배를 채우는 법을 먼저 가르치기 일쑤인 요즘 부모들에게 깨달음을 주는 한 마디가 아닐 수 없다.

누구에게나 자식교육은 어렵다. 심지어 공자조차도 그러했다. 《맹자》〈이루 상離婁 上〉에 이런 글이 나온다. 한 제자가 공자가 하나밖에 없는 아들을 직접 가르치지 않고 따로 스승을 두었던 까닭을 묻자, 맹자가 말했다.

스승은 본디 바르게 되라고 가르치는 법인데, 만일 그대로 실행하지 않으면 노여움이 따르게 되고 부자지간이라면 마음이 상하게 된다. 부자지간에 서로 잘못한다고 책망하면 멀어지게 되고, 그러면 불행한 일이 아니겠는가? 그래서 옛날 사람들은 서로 자식을 바꾸어 가르쳤다.

부자지간에는 꾸짖기가 어려워 나의 자식과 남의 자식을 바꾸어 교육하는 것을 '역자교지易子教之'라 한다. 부부지간에 자동차 운전을 가르치는 게 쉽지 않은 것과 같다. 그래서 공자는 아들 백어伯魚를 다른 스승에게 보내고 그저 뜰에서 만나면 지나가는 말로 몇 마디 가르침을 주곤 했다.

교육은 평생을 위한 계책

옛사람들은 부모에 대한 효도와 엄격한 자녀 훈육은 필연적인 연관이 있기 때문에 대여섯 살만 되면 벌써 공부를 시작해서 품성이 바른 인간을 만들려고 노력했다. '관포지교管鮑之交'로 유명한 춘추시대 제나라의 재상 관중管仲은 저서《관자管子》에 이런 글을 남겼다.

> 1년의 계책으로 곡식을 심는 일만한 것이 없고, 10년의 계책으로 나무를 심는 일만한 것이 없으며, 평생을 위한 계책으로 사람을 기르는 일만한 일이 없다.

여기서 말하는 '사람을 기르는 일'은 단지 글을 배워 입신

출세하는 법을 가르치는 것이 아니라 글공부와 함께 인성 교육에 힘을 기울여 바르고 떳떳하게 살아갈 수 있게 인도하는 것이다.

옛사람들은 자녀교육을 통해 자식을 어떤 사람으로 만들고 싶었을까? 당나라 때 관리를 선발하던 기준이 있었다. 후에 이러한 기준은 동양 여러 나라에 널리 파급되어 인재 발탁의 원칙이 되었고, 이 기준에 따라 자녀를 가르치게 되었다.

인재를 가리는 방법은 네 가지가 있다. 첫째는 신身으로, 풍채가 건장한 것을 말한다. 둘째는 언言으로, 언사가 분명하고 바른 것을 말한다. 셋째는 서書로, 필치가 힘이 있고 아름다운 것을 말한다. 넷째는 판判으로, 옳고 그름의 판단력이 뛰어난 것을 말한다.

당나라 때는 이 4가지를 두루 갖추고 있으면 선발할 만하다고 정하고 해당되는 여러 가지 시험을 쳤다. 풍채, 화술, 필체, 판단력 같은 조건은 어려서부터의 교육이 축적되어야만 성년이 되어 밖으로 표출될 수 있다. 교육의 효과는 하루아침에 드러나는 일이 아니라는 뜻이다.

그랬기에 옛날 양가집의 사내아이들은 어려서부터 신체를 단련하고 사서삼경을 비롯한 책을 섭렵하여 학문의 깊이를 더하며, 왕휘지 같은 명필의 글씨를 수없이 따라 썼고 스승으로부터 사물의 이치와 흐름을 알고 사색하고 판별하는 능력을 키워 나갔다. 말이 쉽지 이게 쉬운 일이었겠는가?

당나라 때의 인재 선발 기준을 오늘날의 현실에 대비해 보면 한숨만 나온다. 초등학교부터 고등학교까지 12년 동안 학교나 가정에서 가장 중시하는 것은 오직 하나 성적뿐이니 풍채가 건강한 것, 분명하고 바르게 말하는 것은 기대 밖의 일이다.

더구나 대화는 오직 스마트폰 문자나 카톡만 이용하니 필치와는 상관이 없고, 옳고 그름을 판단하는 능력은 따로 배울 시간이 없으니 인간적 품성은 나날이 저하될 뿐이다. 노나라의 나무꾼 아버지만도 못한 현대 부모들의 자녀교육법이 걱정스럽기만 하다.

어느 기러기아빠의 눈물

지인 A가 두 아들을 아내와 함께 필리핀에 유학을 보냈다며 속사정으로 털어놓았다. 유학을 떠난 지 벌써 5년째, 이제 10대의 연년생 아이들인데 초등학교를 졸업하자마자 영어라도 잘 배워두라는 뜻에서 유학을 결정했다고 했다.

A는 이로 인한 부작용이 심각하다며 한숨을 내쉬었다. 기러기아빠 생활의 애로사항과 외로움도 문제지만, 1년에 두 번 방학 때가 되면 아이들이 한국에 들어오는데, 딱히 할 말도 없어 얼굴만 멀뚱히 쳐다보게 되더란다.

아내는 아내대로 일상적인 대화 말고는 공통적인 주제가 없으니 별로 나눌 말도 없고, 자기들끼리 필리핀에서 재미있었던 에피소드를 이야기하며 깔깔거릴 때는 소외감마저 느끼게 되더란다.

처음부터 이런 우려가 없었던 것은 아니었다. 영어라면 미국이나 하다못해 호주를 보내야지 왜 필리핀에 보내느냐며 의문을 제기하는 친구도 있었다. 하지만 학비가 저렴하다는 측면을 고려했고, 아내의 친구가 같은 이유로 필리핀에 먼저 가 있다는 점도 감안했다.

하지만 5년 동안 학비에 생활비를 보내주느라 등골이 휘도록 일한 만큼 아이들의 영어가 늘었을까? 설령 그렇다 해도 다른 과목의 학습이나 인성을 위한 교육이 충분했을까? 아이들은 필리핀 유학에 만족해하는 것 같았지만 A로서는 시간이 갈수록 이것이 최선인가 하는 의문을 떨쳐버릴 수 없었다.

그러다 마침내 사달이 났다. 막 고등학교에 진학한 큰아들이 마약에 손댔다가 경찰에 체포되었다는 소식이 날아들었다. A는 부랴부랴 필리핀으로 달려갔다. 아들은 친구 집에 놀러갔다가 아이들의 꾐에 빠져 딱 한 번 가담한 것이라며 억울함을 호소했지만 한 번이든 열 번이든 달라지는 것은 없었다.

2개월 후 아내와 아이들은 부랴부랴 한국으로 돌아왔지만 A의 가족은 예전의 가족이 아니었다. 그 사이에 외국물을 마시며 자유롭게 지냈던 아내는 한국 생활에 잘 녹아들지 못했고, 아이들은 아이들대로 학교생활에 적응하지 못해 가족 누구도 행복하지 못한 생활의 연속이었다.

자녀에게 어떤 방식의 교육을 시킬 것인지를 결정하는 부모의 선택은 매우 중요하다. 백 리 떨어진 곳과 백 보 떨어진 곳의 차이를 알도록 가르치는 것은 평생을 지혜롭게 살아갈 방법을 가르치는 일이다. 필리핀에 보내 영어 공부를 하게 한 것도 과연 그런 일이었을까?

비극은 거기가 끝이 아니었다. 1년 후 그는 아내의 요구로 이혼하고 말았다. 자꾸 엇나가는 아이들과 계속 짜증만 내는 남편 사이에서 숨이 막혀 죽을 것 같다는 게 아내가 내세운 이유였다. 아이들을 위한 일이라고 믿었던 선택 탓에 그는 인생의 중반부를 지옥으로 만들고 말았다. 이게 누구 탓일까?

07
쓸모없는 것들의 쓸모

無用之用 무용지용

쓸모없이 보이는 것들도 저마다 쓰임새가 있음

우리 동네 개똥나무의 쓰임새

전국시대 송나라의 철학자 혜자惠子는 장자와는 친구 사이였다. 두 사람은 자주 만나 대화를 나누곤 했는데, 《장자莊子》에 이런 장면이 나온다. 혜자가 장자에게 말했다.

우리 마을에 큼지막한 개똥나무가 있는데 큰 줄기는 울퉁불퉁 옹이가 많아 먹줄을 칠 수 없고, 작은 가지들은 뒤틀려 자를 댈 수 없다네. 그래서 길가에 있지만 목수들이 거들떠보지도 않는다네. 그 나무는 크기만 했지 쓸모가 없다네.

이에 장자가 말했다.

너구리나 살쾡이는 가만히 엎드려서 먹이를 노리거나 이리저리 뛰어다니다 결국 덫이나 그물에 걸려 죽고 말지. 그런데 들소란 놈은 크기가 하늘의 구름만 해서 큰일을 할 수는 있지만 쥐는 한 마리도 잡지 못한다네. 자네가 큰 나무를 놓고 쓸모없다고 걱정하는 것이 바로 그런 일을 타박하는 짝이네. 어째서 넓은 들판에 심어 놓고 기대어 쉬거나 나무그늘에서 놀다가 낮잠을 자지 못하는가. 그 나무는 도끼에 찍힐 일도, 누가 해칠 일도 없네. 그런데 왜 쓸모없다고 말하는 건가? 그렇듯이 세상 사람들은 쓸모 있는 것의 쓰임만을 알 뿐, 쓸모없는 것의 쓰임은 알지 못한다네.

'무용지용無用之用'은 언뜻 봐서는 쓸모없이 보이는 사람이나 물건도 때로는 크게 쓰일 때가 있다는 뜻의 고사성어다. 우리가 쓸모없는 물건이라고 말할 때, 어딘가에서 누군가에게는 긴요하게 쓸데가 있다는 뜻이다.

'쓸모없는 것의 쓰임'이라는 말은 여운이 많이 남는 표현이다. 아무리 쓸모없다고 버려진 물건이라도 누군가에게는 귀하게 쓰일 수 있다. 아무리 지혜로운 사람이라도 어떤 일에는 어리석은 사람보다 쓸모가 없을 때가 있고, 아무리 어리석은 사람이라도 어떤 일에는 지혜로운 사람보다 더 쓸모가 있는 경우도 있다. 여기 두 사람의 놀라운 이야기가 있다.

쓸모없던 아이의 반전 인생

자신의 열 번째 생일이 무슨 요일이었는지 기억하는 사람은 거의 없다. 서기 2999년 9월 9일은 무슨 요일이고, 내가 그때까지 살아 있다면 몇 살인지를 단번에 계산해 낼 수 있는 사람도 드물다.

그러나 조지라는 미국의 젊은이는 이 모든 질문에 아주 쉽게 대답할 수 있다. 그는 특정한 날짜를 지정해 주면 8만 년의 범위 안에서 4만 년을 앞뒤로 특정한 날이 무슨 요일인지 달력을 들여다보듯이 정확하게 대답할 수 있다.

그러나 그는 10달러를 주고 6달러짜리 물건을 사면 4달러의 거스름돈을 받아야 한다는 사실조차 몰라 어릴 때부터 바보, 멍청이라는 놀림을 받으며 자란 정신지체자이다. 사람들은 그가 어렸을 때부터 손가락질을 하며 쓸모없는 아이라는 낙인을 찍곤 했다.

영국 출신의 스티븐 윌트셔Stephen Wiltshire라는 사람은 뛰어난 기억력을 통해 만들어 내는 그림 솜씨로 세상을 깜짝 놀라게 했다. 그는 런던 시내를 헬리콥터로 한 바퀴 날아다닌 잠깐 동안의 비행 후에, 그로부터 3시간 뒤에 하늘에서 본 런던 시내의 풍경을 놀랍도록 자세하게 그려냈다.

그가 1987년 BBC-TV에 출연하여 런던 시내 반경 4마일 안에 있는 12개 중요 사적과 200개 건물들을 정확한 비례와 원근감까지 포함하여 한 폭의 거대한 사진처럼 너무도 세세하게 그려내자 사람들은 경악했다. 인간의 한계를 뛰어넘은 결과물에 사람들은 기가 막혀 했지만 그는 3살 때 이미 중증 자폐 판정을 받았다.

정식으로 피아노 연주를 배우지 않은 맹인 소녀가 라디오에서 들리는 베토벤의 교향곡을 듣고 한 곡조도 틀리지 않고 그대로 재연한다고 생각해 보라. '189,729,325×246,658,345'라는 수식을 단 몇 초 안에 계산해 내는 능력을 상상해 보라.

이런 사람들을 정신의학계에서는 '이디엇 서번트 Idiot Servant'라고 부른다. 해석하자면 '바보 천재'라는 뜻이다. 천재가 분명한데, 의심할 필요도 없는 바보라는 얘기다. 하지만 그들은 그런 특징보다는 어렸을 때부터 어디에도 쓸모가 없는 인간으로 취급되어 왔다.

누구에게나 자기 몫의 인생이 있다

사람들은 이들을 공동체의 울타리 밖으로 밀어냈지만 그들은 어떤 특별한 분야에서는 남보다 대단히 우월한 능력을 가지고 있었다. 그 능력은 오랫동안 그들의 내면에 깊이 숨어 있었지만 결국엔 누구도 흉내 낼 수 없는 재능이 튀어나와 세상을 놀라게 했다.

그들의 삶은 사람은 누구나 자기 몫의 인생이 있다는 사실을 알게 한다. 쓸모없이 태어나 아무짝에도 쓸데없이 비루하게 살도록 정해진 사람은 없다는 뜻이다. 쓸모없이 버려진 개똥나무 같은 신세라도 남을 위해 그늘을 드리워 줄 수 있듯이 말이다.

많은 사람들이 남들의 기대에 부응할 수 없는 자신의 결핍에 좌절하면서 주저앉곤 한다. 어떤 사람은 자신에겐 내세울 만한 것이 하나도 없다며 삶을 내동댕이친다. 누구도 그렇게 낙인을 찍은 사람이 없는데도 스스로 좌절하며 실의에 찬 나날을 보낸다. 미국의 물리학자 리처드 파인만Richard Feynman 박사는 이런 말을 남겼다.

> 다른 사람들이 생각하고 부여하는 성취의 기준에 당신이 부응할 책임은 없다. 당신에게 그들이 기대하는 사람이 되어야 할 아무런 책임도 없다. 그것은 그들의 실수일 뿐, 당신의 실패가 아니다.

당연한 말이다. 다른 사람들이 나에게 요구하는 기준에 맞출 필요가 없다. 신이 나에게 부여한 나만의 인생을 살아가야 한다. 나의 쓸모를 다른 사람의 기준에 맞추지 말고, 내게 주어진 쓸모의 분량을 맘껏 누리며 살아가야 한다.

누구를 위한 삶인가?

세상엔 사람의 쓸모를 재단하는 기준이 있다. 시험이 그렇다. 초중고교 12년을 시험에 내몰리는 우리나라의 아이들은 대학에 들어가자마자 다시 취업의 문을 열기 위한 시험에 대비해야 한다. 시험에 통과하면 자기 삶을 책임질 수 있는 사람대접을 받고, 시험에 떨어지면 낙오자 취급을 한다.

그렇다는 것은 세상에 나의 쓸모를 증명해 보이기 위해 어떻게든 시험에 붙어야 한다는 뜻이다. 인생의 출발점인 20대 전부를 '쓸모 증명서'를 받기 위해 애쓰다 보면 금세 서른을 넘기에 허겁지겁 아무 회사나 들어가게 된다. 머리가 좋은 특별한 몇 사람을 빼고는 수많은 젊은이들이 이렇게 살아간다. 미국의 목사 말트비 바브콕은 이런 말을 남겼다.

> 우리의 인생 사업은 남들보다 앞서가는 것이 아니라 우리 자신보다 앞서가야 하는 것이다. 자신의 기록을 깨는 것, 오늘은 어제보다 더 신나게 사는 것, 시련을 더 잘 이겨내는 것, 과거보다 더 마음을 잘 다스리는 것, 과거보다 더 많이 나누는 것, 과거보다 더 힘차게 일하고, 모든 것을 잘 마무리하는 것, 이런 것들이 바로 우리 자신보다 앞서 나가는 일이다. 우리 자신과의 게임에

서 승자가 되는 것이 정말로 중요하다는 뜻이다. 이것이 바로 인생이라는 게임에서 이기는 것이다.

나를 얼마나 쓸모 있는 존재로 만드는가를 결정하는 것은 바로 나 자신이 일상을 얼마나 충실하게 채워 가느냐에 달려 있다는 뜻이다. 부실했던 어제를 반복하지 않겠다는 각오, 제때에 결정하고 제때에 행동하는 습관, 오늘 할 일을 내일로 미루지 않는 태도, 이런 것들이 차곡차곡 쌓여 나의 쓸모를 뒷받침한다.

나의 쓸모를 남들이 평가하도록 놔두지 말자. 그러기 전에 나의 쓸모가 무엇인지를 명확하게 알고, 그것을 적극적으로 세상에 알리자. 설령 남들이 나를 낮게 평가하더라도 내 생각은 다르다고 당당히 말하자. 장자가 말하는 '쓸모없음의 쓸모'는 세상의 모든 낙오자들에게 들려주는 힘찬 응원의 한 마디이다.

08
세상에서 가장 강력한 힘은 긍정이다

歲月不待人 세월부대인

세월은 사람을 기다려 주지 않는다

링컨의 우울증 극복법

링컨은 젊은 시절 타의 추종을 불허하는 괴력의 소유자여서 프로레슬링 대회가 열리면 선수로 참가하여 따낸 상금으로 생계를 이어갈 정도였다. 링컨은 눈 깜짝할 사이에 상대 선수를 들어 올려 링 바닥에 집어던졌는데, 12년 동안 단 한 차례밖에 패하지 않을 만큼 대단한 선수였다.

링컨은 미국 북서부 지역의 변방 개척지에서 사는 가난한 집안의 아들로 태어났기 때문에 정식으로 학교 교육을 받지 못했다. 청년 시절에 링컨은 뱃사공, 가게 점원, 토지 측량 등 다양한 일에 종사하는 틈틈이 독학을 하여 변호사가 되는 훍

수저의 기적을 만들었다.

대통령을 연임한 링컨은 남북을 통일한 유일한 대통령으로 겉으로 보면 평탄한 것 같지만 이전에 여러 차례 선거에서 패배하는 등 곡절 많은 실패 연속의 정치생활을 하였다.

그는 사람들의 마음을 사로잡는 탁월한 유머 감각으로 유명한데, 그럼에도 불구하고 만성적인 우울증의 사슬에 꽁꽁 묶여 평생을 시달려야 했다. 어머니와 누나의 요절, 젊은 시절 사귀던 애인을 잃은 기억, 그리고 성격 차이로 인한 아내와의 갈등으로 인해 그의 우울증은 아주 심각한 상태였다.

링컨은 어떻게 우울증을 극복했을까? 링컨은 우울의 늪에 빠지기 전에 변호사로서, 정치가로서 자신을 모질게 채찍질하며 일에 열중했다. 링컨은 부지런히 몸을 움직이는 것이야말로 가장 강력한 우울증 치유법이라고 말했다.

처칠의 우울증 극복법

처칠도 우울증을 앓았다. 명문가의 아들로 태어나 26세에 하원의원에 당선된 그는 마흔 무렵부터 시작된 우울증이 독

버섯처럼 파고들었다. 처칠의 우울증은 가족력이었다. 그의 가족 중에는 우울증으로 자살하거나 알코올중독에 빠져 평생을 폐인으로 살았던 사람이 여럿이었다.

그럼에도 처칠은 이런 고통을 딛고 정치를 계속하다가 제2차 세계대전 때 영국 총리로 발탁되어 타고난 싸움꾼으로서의 면모를 발휘하며 전쟁을 승리로 이끌었다. 그가 사자 같은 얼굴로 나타나 영국인들에게 피와 땀과 눈물을 요구하는 모습을 기억해 보라. 어디에 우울증의 그림자가 깃들어 있을까? 그럼에도 처칠은 연설이 끝나고 돌아가는 자동차 안에서 가슴을 쥐어뜯으며 고통스러워했다.

처칠은 어떻게 우울증을 극복했을까? 그는 날로 피폐해지는 정신을 그림과 글쓰기로 지탱했다. 그는 전쟁이 극에 달한 와중에도 집무실에 캔버스를 갖다 놓고 그리고, 또 그렸다. 오늘날 처칠의 작품들은 유명 화가와 어깨를 나란히 할 만큼 높은 가격에 거래되고 있다.

여기다 젊은 시절 종군기자의 경험을 살려 글쓰기에도 매진하여 자신이 직접 겪은 제2차 세계대전의 회고록을 집필했고, 이 작품으로 1953년 노벨문학상을 수상했다. 당시 노벨문학상 수상의 경쟁자는 어니스트 헤밍웨이였다.

91세로 운명할 때까지 우울증과 완전히 결별하지는 못했지만, 그는 죽을 때까지 부지런히 그리고 쓰는 작업을 멈추지 않았다. 링컨과 마찬가지로 처칠은 일상에 매진하는 것이 우울증을 극복하는 해결책임을 알았기 때문이다.

사람은 일하기 위해 태어났다

'자동차 왕'이라는 명예로운 별명을 가진 헨리 포드Henry Ford는 이렇게 말했다.

사람은 단순하게 생각하고, 단순하게 느끼고, 단순하게 꿈꾸며 그냥 놀기 위해 태어난 것이 아니라 일하기 위해 태어났다. 모든 사람은 자기 능력에 따라 자신이 하고 싶은 일을 할 때 가장 빛이 난다. 일만 하고 휴식을 모르는 사람은 브레이크 없는 자동차처럼 위험하지만, 놀 줄만 알고 일하는 것을 모르면 엔진이 없는 자동차처럼 쓸모가 없는 사람이다.

헨리 포드야말로 일하기 위해 태어난 사람으로, 그는 평생을 자기가 하고 싶은 일에 성실하게 매달려 세계 최고 부자의 대열에 섰다.

그는 가방끈이 짧았다. 열다섯 살 때 공부를 중단하고 기계공이 되어 에디슨이 세운 에디슨 전기회사에 들어간 포드는 실력을 인정받아 기술 책임자로 일하며 에디슨의 인정을 받다가 마흔 살에 포드 자동차 회사를 설립한다.

그가 만든 자동차는 역사상 최초로 내연기관을 장착한 차로, 때마침 미국 대륙에서 막대한 량의 석유가 발굴되면서 저렴하고 빠르고 튼튼하다는 찬사를 받으며 전 세계적으로 불티나게 팔렸다. 그의 스승이자 동반자였던 에디슨은 근면이 헨리 포드의 성공을 가져왔다고 칭찬했다.

링컨, 처칠, 포드 세 사람에겐 공통점이 있다. 그들은 생존 시에는 단 하나의 연결고리도 없이 저마다의 삶을 살았지만, 결과적으로는 하나의 길을 걸어갔다. 그것은 자신의 일에 전력투구 최선을 다했다는 점이다.

그리고 이러한 공통점은 세상의 모든 성공자들이 똑같이 나눠가진 특징이기도 하다. 그들은 목표를 이루기 위해 내 달릴 때는 잠시도 좌고우면하지 않고 맹렬히 돌진했다.

'자구다복自求多福'이란 말이 있다. 복은 자기가 구하는 것이지 하늘이 내리는 게 아니라는 뜻이다. 《맹자》〈공손추 상公孫丑上〉에 이런 글이 있다.

욕된 것을 싫어하면서 어질지 못한 생활을 하는 것은 마치 축축한 것을 싫어하면서 낮은 땅에 사는 것과 같다. 나라가 화평하면 이를 마음껏 즐기면서 게으름을 피우고 거만을 부리는데, 이는 스스로 화를 부르는 것이다. 화와 복은 스스로 구하는 것이다.

누구보다 악하게 살면서 언젠가 닥칠 치욕을 강 건너 불구경을 하듯이 한다면 말이 안 된다. 게으름을 피우며 천 년을 살 것처럼 거만하게 산다면 그에게 어떤 불행이 닥칠지 모른다. 화나 복은 스스로 구하는 것이기에 복을 누리려면 누구보다 자기 삶에 충실한 사람이 되어야 한다는 맹자의 말씀은 그래서 더 가슴에 남는다.

링컨이나 처칠은 일에 매달리고 취미생활에 몰두하며 인생의 전성시대를 보냈지만, 그것이 단지 우울증에서 벗어나기 위한 몸부림만은 아니었다.

그들은 오늘에 헌신하는 삶이 미래를 내 것으로 만드는 유일하고도 가장 강력한 길임을 알았기 때문이다. 그렇기에 처칠이 남긴 피와 땀과 눈물이라는 말은 바로 우리들에게 던지는 응원의 말이기도 하다.

때를 놓치지 말고 부지런히 일하라

중국 역사상 가장 위대한 시인 중의 한 사람으로 손꼽히는 도연명陶淵明의 〈권학시勸學詩〉라는 시가 있다.

> 젊은 시절은 거듭 오지 않으며 하루에 아침을 두 번 맞이하지 못한다. 때를 놓치지 말고 부지런히 일하라. 세월은 사람을 기다려 주지 않는다.

'세월은 사람을 기다려 주지 않는다歲月不待人'는 말을 모를 사람은 없지만, 언제까지나 세월이 기다려줄 것처럼 행동하는 사람이 대부분이기에 문제가 심각하다. 얼마나 많은 사람들이 오늘만 살겠다는 식으로 미래를 외면하고 낭비하며 살고 있는가?

부지런하게 산다는 것은 자신의 인생을 긍정하는 일이다.

자신의 삶을 긍정하기 위해 미친 듯이 일하고 그림을 그리고, 글쓰기를 하는 것이다. 링컨이 그랬고 처칠도 그랬으며 모든 성공자들이 다 그렇게 오늘을 부지런하게 살며 내일은 오늘보다 더 나은 날이 되기를 바랐다.

시간은 되돌릴 수 없고 인생은 한 번뿐이다. 젊은 시절은 거듭 오지 않고 하루에 아침을 두 번 맞이하지 못한다.

09

늙은 말의 지혜를 배워야 하는 이유

老馬之智 노마지지

늙은 말이 길을 찾아내듯이 연륜이 깊으면 지혜도 깊다

연륜이 깊다는 것의 의미

어느 해 봄에 제나라 환공이 재상 관중과 대부 습붕隰朋을 대동하고 서북부 지방에 있는 요서 땅을 정벌하러 떠났는데, 워낙 먼 길인데다 싸움이 생각보다 훨씬 길어지는 바람에 한겨울에야 끝나고 말았다.

그래서 혹한을 뚫고 제나라로 돌아오게 되었는데, 그만 깊은 산중에서 길을 잃고 오도 가도 못하는 처지에 놓이고 말았다. 게다가 식량마저 고갈되어 적의 기습이라도 받는다면 떼죽음을 당할 처지가 되었다.

환공마저 두려움에 떨며 한참 우왕좌왕하고 있을 때, 관중이 말했다.

"이런 때는 늙은 말의 지혜가 필요합니다."

관중이 늙은 말 한 마리를 풀어 놓자, 칠흑 같은 어둠 사이로 뚜벅뚜벅 걸어 나갔다. 환공을 비롯한 병사들이 말의 뒤를 따라 행군한 지 얼마 안 되어 큰길이 나타났고, 모두 살아날 수 있었다.

《한비자》〈설림 상說林 上〉에 소개된 이 일화에서 나온 말이 바로 '노마지지老馬之智'이다. 늙은 말이 길을 알아챌 정도로 지혜롭다는 말로, 연륜이 깊으면 나름의 장점이 있다는 뜻이다.

이 말은 늙었다는 현실이 나이를 많이 먹어 육체도 마음도 낡아 버렸다는 의미가 아니라 그동안의 삶의 모든 발걸음에서 얻어 낸 경험에서 축적된 지혜로 하나의 인생이 농익을 대로 농익었다는 의미로 받아들여야 한다는 것으로 들린다.

하지만 우리 사회는 늙은 사람들의 지혜를 얼마나 활용하고 있을까? 오래 전부터 금융권에서는 40대 중반만 넘어도 명예퇴직을 권한다. 업무 환경이 변했기 때문인데, 그들이 떠난 자리는 AI 같은 첨단기계가 대신하게 된다고 한다. 이런 추세는 일반기업도 마찬가지여서 중장년층 직원을 내보내고 청년층을 고용하려고 한다. 어디를 봐도 노인들의 나라는 없다는 말이 실감나는 오늘이다.

백문이불여일견

한나라 선제 때, 대륙의 서쪽 지방에서 티베트 계열의 유목민들이 폭동을 일으켜 그 지역을 초토화시키고 있다는 소식이 전해졌다. 이에 선제가 조충국趙充國이라는 원로 장수를 불러 토벌대장으로 누구를 임명하면 좋은지 묻자, 그가 지체없이 말했다.

"소신이 비록 늙었지만 저보다 나은 사람은 없습니다."

그때 조충국의 나이가 일흔이었기에 선제가 머리를 흔들며 다른 장수를 천거하라고 말했다. 그럼에도 조충국이 자신이 최고 적임자라고 계속 우기자, 선제가 물었다.

"그렇다면 장군은 반란군 진압에 어떤 전략을 쓸 것인가? 병력은 또 얼마나 필요할 것으로 보는가?"

이에 조충국이 망설이지 않고 답했다.

"백 번 듣는 것이 한 번 보는 것만 같지 못합니다. 군대의 일이란 멀리 떨어져 있어서는 계획을 짜기 어려운 법이니 소신이 급히 현지로 달려가 방안을 짜겠나이다."

조충국은 즉시 달려가 상황을 면밀히 파악하고는 군대를 이끌고 나가 단번에 폭동을 진압했다. 이때부터 '백문이불여인견百聞而不如一見'이라는 말이 사람들의 입에 오르내리게 되었다. 그렇다. 어떤 일에 대해 남들에게 백 번을 들어봤자 나 자신이 직접 보는 것보다 못하다.

이것이 바로 일흔 노인의 지혜다. 젊은 장수들 같으면 당장 달려가 적을 제압하겠노라고 장담했겠지만 조충국은 늙은 말이 그렇게 하듯이 적의 동태와 전투 환경을 직접 봐야 하고, 그 뒤에 계책을 세워 적을 일망타진하겠다고 신중론을 폈다.

우리나라는 일흔은커녕 공무원 퇴직 연령인 60만 되어도 퇴물 취급을 하는 경향이 짙다. 노인들에게는 멀리서 백 번 들어 느끼는 감感도 있고, 직접 보고 알게 되는 지식도 있는데 그러한 모든 지혜와 경험이 쓸모없이 취급되는 현실이 안타깝다.

멋진 신세계

영국 작가 올더스 헉슬리Aldous Huxley의 《멋진 신세계Brave New World》는 인류의 미래를 그린 고전으로 유명한데, 내용을 요약하면 이렇다.

> 인간이 유전공학의 힘으로 대량 생산되고, 태아 상태부터 성인이 될 때까지 미리 결정된 사회 계급과 직업에 따라 세뇌를 당하는 시대. 유전자 조작과 세뇌 덕분에 모든 인간은 자신에게 주어진 사회 계급과 업무에 만족하며 살아간다. 여기다 모든 인간은 마약에 취해 즐겁고 행복한 나날을 살아간다.

이 책이 1932년에 첫 출간되었다는 게 믿어지지 않을 만큼 기계주의에 압도된 미래 세계를 그리고 있다. 작가는 인간이 만든 과학기술에 스스로 종속되어 기계문명의 부속품으로 전락하고, 인간의 존엄성과 가치마저 사라진 시대를 '멋진 신세계'라고 할 수 있느냐고 역설적으로 묻고 있다.

정말로 인간이 기계문명의 부속품으로 살아가는 시대를 상상할 수 있을까? 설령 그런 시대가 실현된다고 해도 우리가 인간다운 지성과 본능을 모두 버리고 살아갈 수 있을까?

문제는, 이러한 기계문명의 도래가 사람들이 하던 일자리를 거침없이 위협한다는 것이다. 그 중에서도 가장 피해를 입는 쪽은 절대로 기계를 이겨먹을 수 없는 중년 이상의 사람들로 기계에 쫓기면 갈 데가 없어 삶의 끝자리로 내몰린다는 것이다.

노인인구가 전체 인구의 43%

많은 사람들이 65세 노인인구의 비율이 전체 인구의 20%를 넘는 초고령사회의 도래를 걱정하는데, 우리 사회의 진짜 문제는 퇴직하고 사회에 나온 사람들이 아직 정정한 나이에 비해 할 일이 너무 없다는 것이다. 노인들이 저마다의 지혜와 경험을 유용하게 활용하지 못하는 사회는 기계문명에 압도된 세상만큼이나 암울하기에 하는 말이다.

우리나라는 2050년대가 되면 노인인구가 전체 인구의 43%를 넘게 된다고 한다. 그렇다는 것은, 조만간 우리나라 인구의 절반이 노인으로 채워진다는 얘기로, 이런 추세는 별로 할 일이 없는 고령자들을 방치했다가는 나라가 제대로 돌아가지 않을 것이라는 두려움을 낳게 한다.

AI가 소설도 쓰고 그림도 그리는 상황이니 사람대신 기계로 대체하면 되지 않느냐고 대답하는 사람도 있다. 그러면 인간은 무엇을 하며 시간을 보내게 될까?

이제 노인들의 쓰임새를 고민해야 할 때다. 노인들이 살아온 경험의 무게로 세상을 떠받치고, 노인들이 가진 앎의 넓이로 세상을 더 확장할 수 있는 대책을 고민해야 한다. 노인들에게는 산골짜기 험한 길에서도 반드시 살 길을 찾는 늙은 말의 지혜가 있기 때문이다.

한나라 광무제 때 장수 마원馬援이 왕명에 따라 죄수들을 압송하게 되었는데, 도중에 죄수들이 고통에 못 이겨 울부짖는 것을 보고 모두 풀어주고 북방으로 달아났다. 이후 마원은 농사꾼으로 변신했지만, 친구들에게 늘 이렇게 말했다.

"대장부는 뜻을 품었으면 어려울수록 굳세어야 하며 늙을수록 건장해야 한다."

마원이 말한 늙을 수록 건장해야 한다는 뜻의 '노익장老益壯'은 이때부터 모든 노인들의 자부와 긍지를 표현하는 말이 되었다. 마원이 광무제의 부름을 받은 것은 60세를 한참 넘었을 때로, 이후 오랫동안 북방 오랑캐들을 처단하기 위해 백발을 휘날리며 전장을 누볐다.

늙은 말은 지혜만 있으면 안 된다. 여기에 더해 늙을수록 건장해야 한다. 노인인구가 점차 늘어나는데, 지혜가 있고 건강한 노인일수록 세상의 쓰임에 응할 수 있기 때문이다. 노인들은 지금 나이가 몇이든 미래 세계에 대비하여 자신의 인생 설계를 다시 하고, 사회는 노인들이 맘껏 자신의 능력을 발휘할 여건을 만들어 줘야 할 것이다.

10

부자들이 장사를 잘하는 이유

多錢善賈 다전선고

큰돈을 가진 사람이 장사를 잘한다

부자로 살면 정말 좋을까?

《한비자》에 '장수선무 다전선고長袖善舞 多錢善賈'라는 재미있는 말이 나온다. 소매가 긴 옷을 입으면 남보다 춤을 잘 추는 것처럼 보이고, 큰돈을 가진 사람은 남보다 장사를 더 잘할 수 있다는 뜻이다.

강대국인 진나라의 장수는 전쟁을 치르면서 계책을 열 번이나 바꾸어도 실패하는 경우가 드물지만 약소국인 연나라의 장수는 계책을 한 번만 바꿔도 성사되는 경우가 드물다. 이는 진나라의 장수가 지혜롭고 연나라의 장수가 용렬해서가 아니라 국력과 조건의 차이일 뿐이다. 그것은 마치 소매가 긴 옷을 입은 사람의 춤이 더 좋아 보이고, 큰돈을 가진 사람은 장사를 더 잘할 수 있는 것과 마찬가지다.

주변을 돌아보면 한비자의 말이 결코 허튼소리가 아니라는 걸 알게 된다. 큰 회사는 중요한 프로젝트를 진행하면서 몇 번이나 계획을 수정하고 진행 과정에서 크고 작은 실수를 저질러도 어떻게든 성공하지만, 작은 회사는 조금만 삐끗해도 나락으로 굴러 떨어지는 경우가 많다.

코로나19로 자영업자들이 수도 없이 죽어나갈 때 어떤 기업들은 사상 최고의 매출을 올렸다며 직원들에게 두둑하게 보너스를 뿌렸다. 그런가 하면 몇몇 제약회사들은 잽싸게 백신을 만들어 막대한 부를 축적해서 '남의 불행은 곧 나의 행복'이라는 듯이 배를 두드렸다.

2023년 1월 1일자 뉴스를 보면, 테슬라 최고경영자 일론 머스크Elon Musk가 한순간에 재산 2,000억 달러를 날려 이 부문 역사상 최초라는 불명예를 안게 되었다는 소식을 전했다.

그의 재산은 2021년 11월 4일 3,400억 달러한화 429조

4,200억 원로 정점을 찍었지만 2022년 들어서 테슬라의 주가가 65% 폭락하자 1천 370억 달러한화 173조 310억 원로 쪼그라들었다는 것이다.

그는 불과 2년 전만 해도 아마존의 제프 베이조스Jeff Bezos를 제치고 세계 최고 부자에 등극하기 일보 직전이었는데 한순간에 엄청난 돈이 사라져 버렸다는 것이다. 숫자 감각이 피부에 와 닿지 않은 사람도 그가 여전히 그 정도는 별 것 아니라는 듯이 큰소리 땅땅 치면서 돈다발을 흔들어대는 모습에는 눈살을 찌푸릴 것이다.

그는 요란한 말솜씨와 화려한 제스처, 여기다 온갖 기행을 계속하며 사람들의 입방아에 코웃음을 침으로써 만인의 비호감 인물임을 입증하고 있다. 일론 머스크를 보면 '장수선무다전선고'가 빈 말이 아니라는 걸 알 수 있다.

현명한 사람을 옆에 두고 세상 흐름을 관찰하라

한비자의 말대로 큰돈이 있으면 장사를 잘한다. 그러나 그 이유는 그가 특별히 유능해서라기보다 막대한 자본이 뒷받침되기 때문인 경우가 더 많다. 재벌 2세들이 이끄는 기업이 엄청난 자본으로 어떻게든 성과를 내는 것이 대표적인 사례다.

그러나 맨 땅에 헤딩하듯이 사회에 나온 벌거숭이 초년생들은 어떻게 큰돈을 벌 수 있을까? 재벌집 막내아들이 먹는 한 그릇 밥값만도 못한 돈으로 한 달을 지탱해야 하는 소시민 신세에 부자가 되기는 꿈도 꾸기 어려운 일이니 하는 말이다.

이런 물음에 《사기史記》 〈화식열전貨殖列傳〉에서 사마천은 역대 부자들의 발자취를 더듬다가 이런 결론을 내렸다.

"큰돈을 벌었던 거부들은 현명한 사람을 옆에 두고 시세 파악을 잘하는 특성을 보였다."

그 자신만 똑똑해서는 안 되고 현명한 참모를 기용하고 같은 부류의 사람들과 교류하여 세상 돌아가는 흐름을 잘 파악해야 큰돈을 번다는 뜻이다. 여기에 이재理財에 밝으면 소매가 긴 옷을 입고 춤을 출 만큼 금상첨화다.

이재에 밝다는 것은 무엇일까? 그것은 재물의 흐름을 날카롭게 파악해서 자기에게 유리하게 다루어 쓰는 능력을 말한다. 다른 것은 몰라도 이런 능력은 특별한 DNA를 물려받지 않으면 갖기 어려운 재능이 아닐까?

그렇다는 것은 이런 능력도, 준비도 없이 무조건 재벌이 되어 떵떵거리며 살고 싶고 화수분처럼 쏟아지는 돈 세례 속에서 호화롭게 살고자 한다면 말이 안 된다는 이야기다.

가난에서 벗어나는 두 가지 길

우리는 종종 자수성가한 부자들의 현재 모습을 부러워하면서도 그가 걸어 온 지난했던 세월은 알려고 하지 않는다. 부자로 살아가는 그들이 지금 이 순간에도 어떤 어려움을 이겨내며 인생의 페달을 힘들게 밟고 있는지 알려고 하지 않는다. 작가 박경리 선생의 《토지》에는 힘들게 살아가는 한 노파가 이런 말을 하는 장면이 나온다.

> 천석꾼은 천 가지 걱정, 만석꾼은 만 가지 걱정, 나는 한 가지 걱정밖에 없으니 고생을 낙으로 삼아야지…….

박경리 선생은 늙어서도 남루하게 살아가는 자신의 처지를 긍정하며 살아가는 노파의 지혜를 높이 평가하고 있다. 재벌로 살려면 적어도 천 가지, 만 가지 걱정을 감당하며 살겠다는 각오가 있어야 한다. 그럴 각오도 없이 무조건 갑부가 되겠다는 욕망으로 살며 뜬구름을 잡으려고 하면 정말 아무 것도 아닌 인생이 된다.

멈춤을 알면 위태로움이 없다

안분지족安分知足이란 말이 있다. 편안한 마음으로 분수를 지키며 살아가는 생활에 만족한다는 뜻이다. 《노자 도덕경老子 道德經》에는 이런 글이 나온다.

> 만족을 알면 욕됨이 없고知足不辱 멈춤을 알면 위태로움이 없어知止不殆 가히 평안하게 오래 살 수 있다.可以長久

오래 편안하게 살고 싶으면 무작정 부자가 되겠다는 욕망을 멈추고 자신의 그릇에 만족하며 멈출 줄 알아야 한다는 가르침이다. 노자가 그랬듯이 옛날의 현자들은 자기에게 주어진 운명의 그릇대로 살아가는 것이 가장 행복한 법이라고 했지 무한정 욕망하며 헛된 꿈을 꾸라고는 하지 않았다. 《장자》 〈소요유逍遙遊〉에는 이런 말이 나온다.

시궁쥐는 작은 짐승이어서 황하의 물을 마셔도 배만 부르면 만족하듯이 사람은 모름지기 자기 분수에 만족해야 한다.

인간이 자신의 배를 가득 채워 봤자 한두 사발에 불과하다. 조금 더 먹으려다가 배가 터져 버릴지 모른다. 만족을 알고 멈춤을 알라는 충고는 서양에서도 꾸준히 전해져 왔다. 발명왕 토머스 에디슨은 이렇게 말했다.

가난에서 벗어나는 길은 두 가지가 있다. 자기의 재산을 늘리거나 자신의 욕망을 줄이는 것이다. 재산을 늘리는 것은 노력만으로 해결되지 않지만 욕망을 줄이는 것은 마음만 먹는다면 얼마든지 가능하다.

재산을 늘리는 것은 노력만으로 해결되지 않는다는 대목에 밑줄을 그어라. 욕망을 줄이는 것은 마음만 먹으면 얼마든지 가능하다는 부분에도 굵은 줄을 그어라. 부자가 되겠다는 욕망 이전에 안분지족의 가르침부터 배우도록 하자.

자기 열에 심혈을 기울인다는 것
爭先恐後 쟁선공후

중요한 건 꺾이지 않는 마음
百折不撓 백절불요

높이 솟은 언덕에서 이익을 독점하다
壟斷 농단

세상에서 가장 쓸모없는 기술을 배운 남자
屠龍之技 도룡지기

사람을 알아보는 눈
察言觀色 찰언관색

3장

세상에서 가장 쓸모없는 기술을 배운 남자

11
자기 일에 심혈을 기울인다는 것

爭先恐後 쟁선공후

앞서기를 다투고 뒤처지는 것을 두려워 함

고수에게 바둑을 배우기 시작한 제자들

바둑이 중국의 역사책에 최초로 등장한 것은 춘추시대 때였다. 고대 중국의 고서화 중에는 신선들이 심산유곡에서 유유자적 바둑을 두는 모습을 그린 작품이 있고, 점차 시간이 흐르면서 선비들이 강가에서 도끼자루 썩는 줄도 모르고 바둑 한 판에 몰두하는 그림도 보게 된다.

《맹자》에 나오는 혁추弈秋는 역대 최고의 바둑 고수로 불리는 전설적인 인물이다. 혁추는 바둑 실력이 하도 뛰어나서 '국기國棋의 비조鼻祖'라고 불렸다. 비조鼻祖란 어떤 일을 가장 먼저 시작한 사람이라는 뜻으로, 혁추가 바로 바둑의 조상이라는 얘기다.

당연히 그에게 많은 사람들이 바둑을 배우고 싶어 했는데, 언젠가 혁추가 두 명의 제자를 선발하여 본격적으로 교육을 시작했다. 그런데 시간이 지나니 두 사람의 진도가 판이하게 달랐다. 한 사람은 밤낮으로 성실하게 바둑을 공부하려고 노력했지만, 다른 사람은 단지 스승의 명성에 기대어 이름을 얻으려는 자로 모든 게 건성일 뿐 전력을 다하지 않았다.

그는 마음이 아예 딴 곳에 가 있어서 기러기가 언제 다시 날아올지, 날아오면 어떤 활로 쏘아야 할지 사냥 생각만 했다. 그러니 한 제자는 바둑의 이치를 깨달아 실력이 나날이 일취월장했지만 다른 제자는 아무리 시간이 흘러도 전혀 나아지지 않았다.

맹자는 딴 생각 없이 오로지 자기의 일에 심혈을 기울이는 것을 '전심치지專心致之'라 했다. 하나의 목적을 이루기 위해 온 마음을 쏟아 부어 노력한다는 뜻이다. 성공을 원한다면 어떤 마음자세로 해야 할지 가르쳐 주는 한 마디이다.

마차 달리기 시합

진나라의 유명한 마부 왕자기王子期는 아무리 길들여지지 않은 말이라 해도 어린아이 다루듯이 잘 다루어 사람들이 승마 기술을 배우려고 줄을 설 정도였다.

어느 해에 조나라의 대부 양주襄主가 말을 부리는 기술을 배우겠다고 청해 비법을 전수해 주기로 했다. 이후에 기초반을 거쳐 중급반, 고급반을 차례로 이수한 양주가 이만하면 충분하다고 생각해서 혁추에게 마차 달리기 시합을 하자고 청했다. 그동안 왕자기에게 배운 기술에 나름의 재능을 더하면 승산이 있다고 생각했던 것이다.

하지만 양주는 세 번이나 말을 바꿔 탔는데도 연속으로 패하고 말았다. 아무리 애를 써 봐도 도저히 왕자기를 따라잡을 수가 없었다. 이에 양주가 버럭 화를 내며 말을 다루는 기술을 제대로 가르쳐 주지 않은 것 같다고 따졌다. 그러자 왕자기가 말했다.

"저는 비책을 전부 가르쳐드렸지만 대부께서 잘못 받아들이셨습니다. 말을 다루면서 제일 중요한 것은 사람과 말의 마음이 일치되어야 하는데 대부께서는 저를 앞지르고자 초조해하고, 앞서 달릴 때는 제가 쫓아오지 않을까 걱정하셨습니다. 말을 달려 먼 곳까지 달릴 때는 앞설 수도 있고 뒤질 수도 있는데 앞서든 뒤지든 항상 저에게 마음을 쓰시니 어떻게 말과 일치되어 달릴 수 있겠습니까?"

양주의 잘못된 행동에 대해 조목조목 지적하는 왕자기의 말에, 그는 입을 닫을 수밖에 없었다. 한비자는 남과 경쟁을 하면서 앞서기를 다투고 뒤처진 것을 두려워하는 것을 '쟁신공후爭先恐後'라 했다. 우리가 생존경쟁을 하면서 갈팡질팡하는 마음을 이보다 더 간명하게 표현하는 말도 없다.

바위에 꽂힌 화살촉

《사기》에는 〈이장군열전李將軍列傳〉이라는 항목을 따로 두어 전한의 장수 이광李廣의 일대기를 소개하고 있다. 이광은 평생을 흉노족에 맞서 싸운 장수로, 궁술의 명수였기에 산속에서 맹수를 만나도 최대한 근접하여 단 한 발의 화살로 퇴치하는 용맹스러움으로 유명했다.

어느 날 그가 혼자 사냥을 하러 나갔다가 어둑어둑 땅거미가 질 무렵 울창한 숲속에서 그만 길을 잃고 말았다. 그런데 저만치에서 호랑이로 보이는 거대한 짐승이 딱 버티고 서 있는 게 아닌가? 가만히 있다가는 호랑이에게 잡아먹힐 것 같았다.

이광은 재빨리 활을 뽑아들고 전력을 다해 화살을 쏘았다. 딱! 하는 둔탁한 소리가 들리는 것으로 보아 명중한 것이 분명했지만 호랑이에게 화살촉이 박히는 소리는 아니어서 조금 의아했다. 가까이 가서 보니 호랑이가 아니라 커다란 바위였다. 이광이 쏜 화살은 바위에 깊숙이 박혀 있었다.

화살이 바위를 관통하다니, 그 자신도 놀라 입을 다물지 못했다. 이광은 즉시 아까 그 자리로 돌아와 여러 번 바위를 향해 화살을 쏘아 봤지만 모조리 바위에 튕겨져 나올 뿐이었다. 이미 정신이 흐트러졌기 때문이다.

사마천은 이 일을 기록하면서 '중석몰시中石沒矢'라는 말을 썼다. 정신을 집중하면 믿을 수 없을 만큼 큰 힘이 나와 바위도 꿰뚫게 된다는 뜻이다.

전심치지나 중석몰시는 우리가 흔히 말하는 몰입沒入의 산물로, 잡념이나 주변의 모든 방해물들을 차단하고 어느 한 곳에 정신을 집중하면 반드시 과녁을 꿰뚫게 된다는 것이다. 미국의 심리학자로 《몰입FLOW》이라는 베스트셀러를 지은 미하이 칙센트미하이Mihaly Csikszentmihalyi는 이렇게 말했다.

일단 몰입을 하면 몇 시간이 한순간처럼 짧게 느껴지는 시간개념의 왜곡 현상이 일어나고, 자신이 몰입하는 대상이 더 자세하고 뚜렷하게 볼 수 있다.

전심치지를 하면 눈 깜짝할 사이에 시간이 흐를 만큼 몰입이 되고, 목표물이 더 자세하고 또렷이 보이는 중석몰시의 경지에 다다른다는 뜻이다. 이것이 왕자기가 말을 잘 모는 비결이고, 이광이 화살로 바위를 꿰뚫은 비법이다.

왜 몰두하지 못하는가?

매년 여름마다 한강 잠수교에서 멍 때리기 대회가 열린다. 이 대회는 참가자들이 90분 동안 어떤 행동도, 아무 생각도 하지 않고 앉아서 멍한 상태를 유지하는 것을 겨루는 대회다. 개최 측은 가장 안정적인 태도와 평균 심박수를 기록한 결과에 참관자들의 투표를 합산해서 우승자를 정한다.

멍 때리기도 일종의 몰입이다. 몰입을 통해 차츰 머리를 비워 내는 과정을 밟아야 한다. 이 대회의 핵심은 아무 생각도 하지 않는 완전한 무념무상의 상태에서 90분을 견디는 사람을 뽑는 것이다. 여름에 열리다 보니 잠수교 아래 그늘이라 해도 늦더위가 기승을 부릴 때이니 끝까지 참아내는 사람이 드물다. 그 까짓 90분인데? 이렇게 생각하고 덤벼들었다가 많은 참가자들이 10분도 채 안 되어 포기하기 시작한다고 한다.

현대인들은 제대로 몰두할 줄 모른다. 생존경쟁의 피나는 전쟁터에 내몰린 현대인들은 매순간 남을 앞지르고자 초조해하고, 앞서 달릴 때는 남들이 쫓아오지 않을까 걱정하면서 남들의 동태를 살핀다.

인생이라는 먼 길을 가려면 앞설 때도 있고 뒤질 때도 있는데 앞서든 뒤지든 항상 남들에게 마음을 쓰니 온전히 자기 자신에게 몰입할 수가 없다. 먼지처럼 가슴에 쌓이는 스트레스 더미에 눌려서 허덕이다 보면 몰입이고 뭐고 단 1시간이라도 편히 숨을 쉬면 좋겠다고 생각한다. 미하이 칙센트미하이는 이렇게 썼다.

인생에서 나름의 성공을 거둔 사람들 중에는 자기가 하는 일을 혐오하는 이가 있는 반면에 보통의 일을 하면서도 자신의 삶을 진심으로 사랑하는 사람들이 많다. 일이 한 사람의 인생을 얼마나 값지게 하는가를 결정하는 것은 외부 조건이 아니라 그 일을 어떻게 대하고, 그러한 경험에서 어떻게 기쁨을 이끌어내는가에 달려 있다.

자신의 삶을 사랑하는 사람들은 무슨 일을 하든 전력을 다하고, 거기서 살아가는 기쁨을 이끌어 내는 공통점이 있다는 뜻이다. 그렇다, 전심치지, 중석몰시, 몰입은 바로 이런 가르침을 담고 있는 보석 같은 금언이다.

그러니 오늘 당장 90분은 그만두고 30분이라도 멍 때리기 연습을 하자. 머리를 비워내고 마음의 찌꺼기를 내다 버리자. 그때부터 당신의 삶에는 전혀 다른 풍경이 펼쳐지게 될 것이다.

12
중요한 건 꺾이지 않는 마음

百折不撓 백절불요
백 번을 꺾여도 절대로 휘어지지 않음

이런 사람을 대장부라고 한다

백절불요百折不撓는 백 번을 꺾여도 휘어지지 않는다는 말이다. 어떠한 어려움에도 결코 굽히지 않는 강인한 정신력과 꿋꿋한 자세를 일컫는다. 비슷한 말로 백절불굴百折不屈이 있다. 백 번을 꺾여도 결코 굽히지 않는다는 말로, 어떤 난관에도 결코 꺾이지 않는 모습을 뜻한다.

백절불회百折不回라는 말도 있다. 백 번을 꺾일지언정 돌아서지 않는다는 말로, 나의 의지를 꺾으려는 환경이나 조건에 부딪쳤을 때 결코 물러서지 않는다는 뜻이다.

그런가 하면 《맹자》에는 위무불굴威武不屈이란 말로 대장부를 정의하고 있다.

천하의 넓은 집에 살며 올바른 자리에 서고 대도大道를 행한다. 뜻을 얻으면 백성과 함께하고, 뜻을 얻지 못하면 홀로 그 도를 행한다. 부귀도 그 마음을 흩뜨리지 못하고 빈천도 그 마음을 변화시키지 못한다. 위력이나 무력도 그를 굽히게 하지 못하니, 이런 사람을 일러 대장부라고 한다.

남아프리카공화국 제8대 대통령이자 세계 최초의 흑인 대통령이었던 넬슨 만델라Nelson Mandela는 인종차별 정책을 고집하는 백인 정부에 맞서 인종차별 철폐 운동을 벌이다가 44세 때인 1962년부터 무려 27년 동안 수감생활을 했다.

그 오랜 세월 감옥에서 지내면서도 그는 꺾이지 않는 마음으로 자신의 신념을 지켰다. 72세 때인 1990년 석방과 동시에 흑인들의 투표권을 위한 법안을 통과시켰고, 이후 대통령에 당선되어 남아프리카공화국을 이끌었다.

언젠가 TV에서 만델라가 수감생활을 했던 작은 교도소 독방을 소개한 적이 있다. 손바닥만한 독방에서 무수한 세월을 버티고 견디며 그가 꿈꾸었던 것은 단 하나, 인종차별 정책의 철폐였다. 그가 남긴 명언 중에 이런 유명한 말이 있다.

인생의 가장 큰 영광은 한 번도 넘어지지 않는 것이 아니라 넘어질 때마다 다시 일어서는 데 있습니다.

평생을 백절불요, 백절불굴의 정신으로 살았던 넬슨 만델라의 이 말보다 더 강렬하게 꺾이지 않는 마음을 표현한 말도 달리 없을 것이다.

난간을 부러뜨리다

《한서漢書》에 이런 이야기가 나온다. 한나라 성제成帝 때 재상 장우張禹는 성제의 어린 시절 스승을 지낸 사람으로, 나라를 위해 별다른 공을 세운 적이 없는데도 임금의 절대적인 신임을 받고 있었다. 장우의 위세가 하도 하늘을 찌를 듯해서 자연히 그가 휘두르는 권력 탓에 폐단이 줄을 이었으나 성제를 포함해 누구도 그의 허물을 지적하는 사람이 없었다.

그런데 어느 날 유학자 주운朱雲이 성제를 찾아가 장우 같은 간신배를 당장 처벌해야 한다고 말하며 그의 죄상을 줄줄이 나열했다. 이런 당돌한 태도는 임금의 역린을 건들인 꼴이어서 성제는 주운을 당장 끌어내라고 명했고, 즉시 건장한 체격의 무관들이 우르르 달려들었다.

그러나 주운은 서너 명이 무관이 잡아끌어도 대궐 전각의 난간을 필사적으로 부여잡은 채 장우의 목을 베어야 한다는 말만 계속했다. 그렇게 한참을 옥신각신하다 보니 그만 난간이 와지끈 부러졌고, 그 바람에 주운은 난간 아래 바닥으로 굴러 떨어지고 말았다.

그럼에도 주운이 여전히 장우의 목을 베어야 한다고 소리치자 무관들이 달려들어 그를 끌고 밖으로 나가 버렸다. 엄청난 소란이 끝나고 잠잠해지자 성제가 말했다.

"부러진 그 난간은 새 것으로 몽땅 갈지 말고 부서진 부분만 바꿔놓아라. 직언을 하는 신하가 보여준 충성의 징표로 삼고 싶구나."

이후 주운은 목숨도 아끼지 않고 직언을 한 신하로 이름이 남게 되었고, 그런 모습에 놀란 장우를 비롯한 간신배들도 감히 어쩌지 못했다. 어찌 주운뿐이랴. 주운과 같이 자신의 목숨을 아끼지 않고 분연히 일어선 충신들이 역사에 이름을 남기는 것은 당연한 일이다.

중요한 건 꺾이지 않는 마음

우리나라에서 열린 2002년 월드컵 때, TV에서 다음과 같은 내용의 인터뷰 방송을 본 적이 있다. 리포터가 가장 유명하다는 점술가를 찾아가 물었다.

"이번 월드컵에서 우리나라 선수들이 16강에 진출할 수 있을까요?"

그때나 지금이나 우리나라 선수들의 실력으로는 16강 진출이 지상과제였다. 명색이 개최국인데 예선에서 떨어진다면 국제 망신이다. 점술가가 한참을 생각하더니 이런 점괘를 내놓았다.

"모든 국민이 기도를 많이 해야 된다."

축구 실력이 간절한 기도만으로 되는 것은 아닐 테니, 한마디로 말해서 16강 진출이 힘들다는 뉘앙스로 들렸다. 그러자 실망한 리포터가 공동개최한 일본은 어떻겠느냐고 물었다. 점술가가 대답했다.

"일본은 16강이 가능하다."

이 대목에서 리포터는 약간 열을 받았다. 일본하고 겨룰 때는 가위바위보도 지면 안 된다는 불문율이 있는 만큼 점술가 말대로 한국이 16강에 실패하고 일본이 올라가게 된다면 정말 대대손손 배가 아플 일이었다. 리포터가 다시 물었다.

"우리나라는 아예 힘들다는 뜻인가요?"

점술가는 한참 침묵을 지키다가 말문을 열었다.

"전 국민이 합심해서 기도를 열심히 하면 가능하다."

나는 지금도 대한민국이 그때 월드컵 4강에 올랐던 것은 100% 우리나라 국민들이 합심전력으로 기도한 덕분이라고 생각한다. TV에서는 연일 우리 국민들이 기도하며 응원하는 모습을 보여 주었는데 거리에서, 회사에서, 학교에서, 교회나 사찰에서, 심지어 병원이나 교도소에서까지 울고 웃고 모두가 한마음으로 기도가 하늘에 닿을 듯이 떠들썩하게 응원했다.

2022년 카타르 월드컵에서 우리나라 축구팬들이 내건 응원 구호는 '중요한 건 꺾이지 않는 마음'이었다. 그 짧은 문장을 보면서 많은 사람들은 폐부를 찌르는 듯한 격동을 느꼈다.

그렇다. 우리 축구는 여전히 기도를 많이 해야 되고, 꺾이지 않는 마음으로 악착같이 달려들어야 한다.

정상을 향해 끝없이 바윗덩어리를 밀어 올려야 하는 신화 속의 시시포스처럼 브라질이나 포르투갈 같은 강팀에 꺾이지 않는 마음으로 맞서야 한다. 덴마크의 철학자 키에르케고르 S. Kierkegaard는 이런 말을 남겼다.

사람에게 중요한 것은 내가 무엇을 알아야 하는지가 아니라 내가 무엇을 해야 하는지를 뚜렷하게 정립하는 것이다. 인생에서 가장 중요한 일은 나 자신을 아는 것이며, 세상이 내가 어떤 일을 하기를 원하는지를 아는 것이다. 그리고 내가 무엇을 위해 살고, 무엇을 위해 죽어야 하는지를 정확히 아는 것이다.

내가 무엇을 위해 살고, 무엇을 위해 죽어야 하는지를 정확히 알아야 악착같이 물고 늘어져 끝내 성취할 수 있다. 내가 무엇을 위해 살아야 하는지, 무엇을 위해 죽어야 하는지를 모른 채 살아가는 수많은 사람들 사이에서 나만의 삶을 우뚝 세울 수 있는 비결은 바로 이것, 꺾이지 않는 마음이다.

13

높이 솟은 언덕에서 이익을 독점하다

壟斷 농단

가장 높은 자리를 차지하여 이익과 권력을 독차지함

높이 솟은 언덕

한때 국정농단, 사법농단 등 '농단壟斷'이란 단어가 마치 유행처럼 익숙한 때가 있었다. 농단이란 '높이 솟은 언덕'이란 말로, 가장 높고 좋은 자리를 차지하여 이익이나 권력을 독점한다는 뜻이다. 이 말은 원래《맹자》〈공손추 하〉에 나오는 문장에서 비롯되었다.

> 천한 사람이 나타나 우뚝 높은 언덕에 올라가 좌우를 살펴보고는 시장의 이익을 그물질해 버렸다.

높은 언덕에 올라가 시장의 이익을 그물질해 가져갔다는 말에서 보듯이, 농단의 핵심은 높은 자리에서의 이익과 권력 독점이다. 아무도 뜯어말릴 수 없는 자리에 올라가 커다란 그물을 쳐놓고 돈이든 권력이든 다 싹쓸이해간다.

최고의 자리에 앉았다가 바닥으로 추락한 대부분의 권력자들이 바로 이런 작태를 벌이다가 백성의 눈 밖에 났다. 이들은 왜 맨 처음 다짐했던 각오와 본분을 잃어버렸을까?

《논어》〈술이述而〉에 이런 문장이 나온다.

> 공자께서는 낚시질을 하더라도 그물질은 하지 않으셨고, 활사냥은 해도 둥우리에 깃든 새는 쏘아 맞추지 않으셨다.

군자는 무슨 일에나 정도正道를 넘는 일이 없어야 하기에 그물질을 하여 물고기를 몽땅 잡으려고 하지 않는다는 뜻이다. 어부들은 고깃배를 몰고 바다에 나갔을 때 어황이 좋지 않으면 오늘은 하늘이 이 정도밖에 허락하지 않으신다며 공손하게 그물을 걷고 뱃머리를 돌린다.

농단의 주인공들은 바로 여기서 여느 사람들과 갈린다. 그들은 하늘이 허락하는 것보다 훨씬 많이 욕심내다가 끝내 파국을 맞았다.

엉뚱한 승리자

중국 고사성어 중에 '망탁조의莽卓操懿'라는 말이 있다. 한나라부터 위진남북조시대의 대표적인 4대 역적을 가리키는 말로 왕망王莽, 동탁董卓, 조조曹操, 사마의司馬懿 등 4명의 이름에서 따와 만들어진 말이다.

이들 네 사람은 몸담고 있던 왕조를 무너뜨리고 자신이 직접 황제가 되었거나 그렇게 되기를 꿈꾸며 역성혁명을 추진했던 사람들로, 중국인들은 지금도 그들을 반역자 내지는 최고의 악당으로 기억하고 있다.

중국의 역대 왕조표를 들여다보면 어지럽기 짝이 없다. 워낙 땅덩어리가 넓고 백성이 많다 보니 엄청나게 많은 나라들이 출몰했고, 그 바람에 장기간 지속된 나라가 드물다. 우리나라의 경우 신라는 992년, 고려 474년, 조선 518년 동안 존속한 반면에 중국 역대 왕조들은 대부분 아무리 길어봤자

200~300년이었다.

유방이 세운 한나라가 400년 넘게 이어졌다고 하지만, 사실은 중간에 다른 인물에게 정권을 완전히 찬탈당했다가 유방의 후손이 되찾은 것이다. 그래서 역사가들은 이 시기를 전한과 후한으로 나누는 것이다. 중국의 왕조는 왜 이렇게 단명할까? 왕조가 오래 지속하지 못할 만큼 창업자 이후의 왕권이 허술해졌고, 망탁조의처럼 나라를 말아먹은 간신들이 들끓었다는 뜻일 것이다.

망탁조의 중에 가장 주목할 사람은 위나라 조조의 책사로 활동했던 사마의일 것이다. 평생을 제갈량과 지혜를 겨루었고, 죽은 제갈량에도 기겁을 할 정도로 이길 때보다 패할 때가 많았던 사마의를 왜 주목해야 할까?

촉한의 유비, 동오의 손권, 위나라 조조가 대륙의 패권을 놓고 결사적으로 맞섰던 삼국 전쟁에서, 사마의는 조조의 싱크탱크로 위나라가 삼국 중에서 맨 위에 서게 되는 데 큰 공헌을 했다. 조조가 죽고 그의 큰아들 조비曹丕가 위나라의 황제로 등극했을 때, 사마의는 여전히 그 자리에서 최선을 다했다.

하지만 삼국의 전쟁도 흐지부지되고, 유비의 촉나라마저 망하고 영원할 것 같던 위나라의 조씨 일가마저 무너졌을 때, 그 자리를 꿰찬 사람은 사마의의 손자 사마염司馬炎이었다. 위촉오 삼국의 피 튀기는 싸움의 최종 승자는 뜻밖에도 진晉나라를 세운 사마씨 일족이었던 것이다. 이때는 오나라마저 옛날의 위력을 잃고 명맥만을 이어가고 있어 사마염에게 전혀 상대가 안 되었다.

젊은 시절부터 조씨 일가에 대를 이어 충성을 바쳤던 사마씨 일가는 조조와 유비, 손권 등 세 명의 영웅이 자기들끼리 물고 물리는 진흙탕 싸움을 벌이는 걸 묵묵히 지켜보고 있다가 마지막 순간 위나라를 무너뜨리고 대륙을 장악하는 옥쇄를 넘겨받았다.

하지만 진나라마저도 25년 만에 문을 닫게 되는데, 아무튼 사마씨들이 그냥 국정을 농단한 게 아니라 아예 나라를 통째로 먹어치웠다는 점에서 그만큼 충격적이다.

그렇게 허술하단 말인가?

2022년 3월, 코스닥 시가총액 20위권 회사의 자금 관리 담당자가 회사 공금을 횡령한 사건이 일어나 큰 충격을 주었다. 이 회사 재무팀장 L씨가 회사 자본금의 108.18%에 해당하는 2,215억 원을 빼돌렸던 것이다.

이 사건이 놀라웠던 것은 횡령 액수가 천문학적이라는 점이었다. 그리고 그 사람의 단독 범행으로 그 많은 돈을 가로챌 수 있느냐 하는 궁금증이 일었고, 다음은 유명한 중견기업이 그렇게 재무관리 시스템이 허술할 수 있는가 하는 의문이 뒤따랐다.

심지어 범인은 다른 코스닥 상장사의 지분 7.62%를 사들여 대주주로 등극하며 '왕개미'라는 별칭으로 불릴 정도로 유명한 인물이 되어 있었다.

많은 사람들이 이 사건에 도저히 이해할 수 없다는 반응이었다. 매출 1조 원을 자랑하는 중견기업의 자금관리 내부 통제 시스템이 동네 구멍가게만도 못할 만큼 엉망진창이었기 때문이다. 더구나 그가 밖에서는 그렇게 유명인사가 되어 떵떵거릴 때조차 회사는 전혀 몰랐다는 게 놀랍기만 하다.

비슷한 시기, 서울의 어느 구청에서 근무하는 공무원이 115억 원을 횡령한 사건이 일어났다. 그리고 얼마 뒤에는 어느 금융기관에서 평직원이 수십 억 원의 돈을 가로챈 사건이 일어나기도 했다. 우리는 연속적으로 벌어진 사건을 보며 고개를 갸웃거리지 않을 수 없었다. 그렇게 쉽단 말인가?

많은 이들이 우려하는 것은 언론에 등장하는 이런 사건들이 빙산의 일각일지 모른다는 점이다. 언론에 나온 사건의 주인공들이 판을 키운 탓에 웬만한 공금 횡령은 뉴스거리가 안 될 정도의 세상이 되었다.

이런 식의 재무농단이 쉽게 일어나는 이유는 관리 시스템이 허술했기 때문일 것이다. 그것은 코끼리도 지나갈 만큼 엉성한 시스템에 통제하고 감시하는 사람들의 태만이 만들어낸 필연적인 결과였다.

《열자列子》에 이런 이야기가 나온다. 제나라의 한 도둑이 시장의 가게에서 금을 훔쳐 가지고 나오다 관리인에게 붙잡히고 말았다. 관리인이 도둑에게 물었다.

"당신은 어째서 사람들이 모두 지켜보고 있는데도 남의 물건을 훔친 거요?"

도둑이 대답했다.

"금을 가지고 나올 때는 사람은 보이지 않고 금만 보였습니다.”

한 마디로 눈에 뵈는 게 없었다는 얘기다. 횡령사건의 주인공들도 제나라의 도둑과 같은 생각을 하고 있었지 않을까? 국정농단의 장본인들도 마찬가지로, 사람은 보이지 않고 권력의 힘과 그로 인한 이익만 보였을 것이다.《맹자》에 격이행지激而行之라는 글이 보인다.

> 사람의 본성은 원래 선하지만, 욕심에 가로막히면 물을 막아 거꾸로 흐르게 하는 것처럼 악을 행하게 된다.

인간의 부질없는 욕심과 눈을 멀게 하는 유혹이 문제다. 욕심의 둑이 무너지면 인간은 물이 거꾸로 흐르는 것처럼 거침없이 악의 바다에 뛰어들게 된다. 이런 판국에 양심이니 양식이니 하는 말이 무슨 소용이 있겠는가? 그래서 우리는 저마다에게 묻게 된다. 이런 상황이 나에게 온다면, 이겨낼 수 있겠는가?

14
세상에서 가장 쓸모없는 기술을 배운 남자

屠龍之技 도룡지기

상상의 동물인 용을 죽이는 기술처럼 쓸모없는 재주

용을 죽이는 기술을 배운 남자

《장자》〈열어구列禦寇〉에 도룡지기屠龍之技라는 말이 나온다. 해석하자면, 용을 죽이는 기술이라는 뜻이다. 용을 붙잡아 죽인 다음에 최고로 맛나게 요리하는 기술이라니 세상 누구도 갖지 못한 대단한 재주를 가진 것이다.

주평만朱泙漫이라는 사람이 지리익支離益이라는 도사를 찾아가 이 기술을 배우느라 많은 재산을 쏟아 부었다. 지리익은 세상에 하나밖에 없는 용고기 요리의 최고 장인이라며 힘든 과정을 거쳐 선발된 제자에게만 기술을 전수해 준다고 했다.

주평만은 3년 동안 심신을 닦기 위해 도道를 수련하는 한편으로 각종 짐승고기를 재료로 다양한 요리법을 배우고 하산하게 되었다. 이제 그에게는 고향에 돌아가 부자와 귀족들에게 천하별미 용고기를 요리해 주고 큰돈을 벌 일만 남아 있었다. 주평만은 사람들이 자기를 떠받들어 줄 광경을 떠올리며 회심의 미소를 지었다.

그러나 주평만이 집으로 돌아온 지 며칠 안 되어 현실을 깨닫게 되었다. 주위사람들에게 용을 잡아 요리하는 법을 배웠다고 말하자 사람들이 고개를 갸웃거리며 이렇게 물었다.

"이보게, 용은 상상속의 동물인데 자네의 요리 기술이 뛰어나도 주재료가 없으면 전부 소용없는 일이 아닌가?"

주평만이 아무리 용을 요리하는 법을 설명해도 사람들은 실제로 직접 요리해서 용 고기를 먹기 전에는 믿을 수 없다고 하자 주평만은 말문이 막혀 버렸다.

사람들의 궁금증을 해결하기 위해서는 무엇보다 먼저 용을 잡아야 한다는 숙제 앞에 주평만은 할 말을 잃었다. 어디를 가야 용을 잡을 수 있지? 소문에 의하면 깊은 계곡 폭포가 와르르 쏟아져 내리는 곳으로 가야 한다는데, 스승님은 이것까지는 가르쳐 주지 않았다.

주평만은 그제야 비로소 쓸데없는 기술을 배우느라 시간과 비용만 허비했다는 사실을 알게 되었다. 이로써 그가 받은 역사상 최초의 용고기 요리사 자격증은 아무 짝에도 쓸데없는 휴지조각이 되고 말았다.

자격증 전성시대의 허상

쓸모없는 기술을 배우느라 시간과 비용을 허비하는 사람이 고대 중국의 주평만으로 끝나지는 않는다. 오늘날에도 도룡지기 같은 괴이한 기술을 배우느라 헛되게 돈을 낭비하는 사람이 한둘이 아니기 때문이다.

인터넷에서 보면 듣도 보도 못한 전문기술을 교습하는 학원들이 즐비한데 이들은 하나같이 자격증을 따면 큰돈을 벌 수 있다고 침을 튀기며 선전한다. 그러면 순진한 사람들은 그들 말대로 자격증을 따면 생계에 도움을 받지 않을까 싶어 고가의 수업료를 지불한다.

그러나 국가 공인 자격증도 아니고 족보도 없고 근본도 모르는 일반 사설단체에서 주는 자격증이니 공신력이란 게 전혀 없다. 이런 허울 좋은 자격증을 가지고 어디 한 군데라도 취업할 데가 없으니 이 또한 주평만의 도룡지기와 똑같다.

한 유명대학의 심리학과 교수는 시중에 있는 심리 상담이니 심리 지도라는 이름의 교습소나 상담소에 큰 우려를 나타냈다. 그런 간판을 내걸고 고객을 찾는 사람들 중에 전문적으로 심리학 공부를 한 경우를 찾기 어렵다고 말했다.

심리학이란 인간이 당면하고 있는 실제적인 문제의 해결을 모색하여 심리적 장애의 치료에 기여하는 학문이다. 개인의 마음과 행동의 법칙을 규명하는 과학이니 만큼 오랜 기간의 탐구와 연구가 필요하다. 그런데 이런 학문을 길어봤자 1년, 적게는 몇 개월 만에 속성으로 배우고 나서 심리상담사를 자처한다면 매우 위험한 발상이 아닐 수 없다.

TV에 나와 강남 3구 부동산을 꽉 잡고 있다고 말하는 부동산업계의 최고 전문가가 있었다. 연예인들을 비롯해서 재벌 3세 등 유명 인사들에게 주택이나 빌딩을 소개했다고 말하며 강남의 부자 동네 부동산 흐름이나 자금 동원 방법까지 두루 꿰차고 있다고 했다.

시청자들은 방송국이 모셔온 인물이니 어련할까 싶어서 청담동이니, 압구정동이니 하며 자기가 중개했다는 부동산 이야기를 줄줄이 늘어놓는 말에 귀를 기울였다. 그런데 이게 웬일인가? 어느 날 그가 자격증을 가진 부동산중개사가 아니라 그냥 부동산 업계에서 일하는 일반인이라는 소식이 전해지며 그 뒤로 TV에서 사라졌다.

부동산중개법에 의하면 자격증 취득자가 아니면 주택이나 빌딩을 중개할 수 없다. 그런데 그는 전 국민을 대상으로 당당하게 유명인들에게 중개했다고 말했으니, 그것은 범법 행위를 자인하는 것이나 다름없어 씁쓸한 웃음이 나왔다. 자격증 전성시대가 낳은 웃기는 풍경이 아닌가.

멀고 힘든 명궁명야의 길

《예기禮記》〈학기學記〉에 '기구지업箕裘之業'이란 말이 나온다. 키를 만드는 일과 가죽을 다루는 일을 말하는데, 선대로부터 전해 내려온 일을 후세가 이어받는 것을 뜻한다.

자격증은커녕 변변한 직업군조차 없던 사농공상士農工商의 시대에, 어떤 아이들은 아버지가 손기술을 발휘하여 돈벌이를 하는 걸 어깨 너머로 보고 따라하다가 나중에 아버지의 직업을 이어받아 전문가가 되는 일이 많았다.

예를 들어 활을 만드는 집안의 아들은 아버지가 굳은 뿔을 바로잡아 활을 만드는 걸 보고 버들가지를 구부려 키를 만드는 기술자가 되었고, 대장장이 아들은 아버지가 쇠를 녹여 솥을 때우는 것을 보고 짐승의 가죽을 기워 갖옷 만드는 장인이 되었다.

화살의 명인을 명궁名弓이라 하고 대장장이 명인을 명야名冶라고 하는데, 이들은 처음에는 간단하고 쉬운 일에서 출발하여 마침내 난이도가 높은 기술에까지 도달하게 된다. 바로 이것이 기구지업이다.

부모가 스승일지라도 엄격한 교습 기간을 거쳐야 했기에 이 과정은 결코 만만하지가 않았다. 부모가 노쇠하여 몸을 쓰지 못할 때까지 계속해야 하니 대부분 수십 년의 시간이 걸리기도 했다. 그러면 아버지가 그랬고, 아버지의 아버지가 그랬듯이 비로소 명인 소리를 듣게 된다. 여기엔 어떤 요행도 없고, 지름길도 없다.

도룡지기와 시중의 심리상담사에는 공통점이 하나 있다. 쉽게 돈을 벌겠다는 공짜 심리가 그것이다. 존재하지도 않는 용의 고기를 요리하는 재주를 배운다는 발상이 우습고, 최단기간에 사람의 마음과 행동 법칙을 규명하는 과학을 공부하겠다는 생각 자체가 우습기 짝이 없다.

숙련공이란 어떤 일을 오랫동안 반복 수련하여 능숙하게 잘하는 사람을 말한다. 얼마나 오랫동안 수련해야 숙련의 경지에 들어갈까? 옛사람들은 뭐든 한 가지 일을 시작하면 최소한 20년은 종사해야 장인의 경지에 들어갈 수 있다고 했다.

말이 20년이지 많으면 30년, 40년이 걸릴 수도 있다. 건성으로 세월만 보내서는 안 된다. 뼈를 깎는 노력과 그 긴 시간을 버텨내는 정신력이 따라야 한다. 그만큼 끈기 있게 하나의 일에 매진해야 목표를 이룰 수 있다는 얘기다.

선비 가문에서 태어났다면 벼슬아치가 되는 일 말고는 출세 방법이 따로 없던 옛날에는 공부만이 유일한 선택지였다. 그래서 대여섯 살만 되면 책을 읽기 시작해서 평생을 읽고, 또 읽으며 지식으로 머리를 채우고 지혜로 심신을 닦았다.

그 과정이 얼마나 지난한지는 옛사람들의 일화가 말해준

다. 초나라의 손경孫敬은 잠을 쫓기 위해 상투에 새끼줄을 묶어 대들보에 걸어 매고 공부했고, 소진蘇秦은 졸음을 참으려고 송곳으로 허벅지를 찔러가며 공부했다고 한다. 그런 뼈를 깎는 노력 말고 다른 방법이 없었기 때문이다.

부귀는 필히 부지런함과 고생의 결과로 얻을 수 있는 것이니 남자라면 모름지기 다섯 수레의 책을 읽어야 한다.

시성詩聖이라 불렸던 당나라 시인 두보杜甫가 남긴 말이다. 그렇다. 다섯 수레 정도의 책도 읽지 않고 공부했다고 말할 수 없고, 어떤 일에 20년 넘게 종사하지 않고 숙련공이라고 말해서는 안 된다.

그런 끈질김이 있어야 비로소 무슨 일이든 숙달의 경지에 오를 수 있다. 당신이 한 분야의 최고 전문가가 되려 한다면, 지금 그렇게 하고 있는가 생각해 보자.

15

사람을 알아보는 눈

察言觀色 찰언관색

남의 말과 안색을 살펴 그의 의중을 헤아림

군자가 통달한다는 것

자장子張이 공자께 여쭈었다.

"군자는 어떻게 하면 통달했다고 할 수 있습니까?"

"지금 네가 말하는 통달이란 무엇이냐?"

"나라 안에서도 반드시 명성이 있고, 집안에서도 반드시 명성이 있는 것을 말합니다."

"그것은 그냥 명성이 있는 것이지 통달한 것은 아니다. 통달한다는 것은 본바탕이 곧고 의로움을 좋아하며 남의 말을 헤아릴 줄 알고, 상대의 모습을 잘 살피며 자신을 남보다 낮추어 생각하여 나라 안에서도 반드시 통달하고 집안에서도 반드시 통달하는 것이다. 명성이 있다는 것은 겉모습은 인仁을 취하면서 행실은 인에 어긋나고, 그렇게 살면서도 스스로에 대한 의심조차 없이 나라에서도 명성이 있고 집안에서도 명성이 있는 것이다."

통달通達이란 익히 알고 있어 막힘이 없다는 뜻으로, 공자는 이 말을 곧은 마음에 의로움을 좋아하고 남의 말을 헤아릴 줄 알며 상대의 모습을 잘 살피고, 자신을 남보다 낮추어 생각하는 것이라고 정의한다.

여기서 공자가 말하는, 남의 말과 안색을 잘 살펴보고 그 의중을 헤아리는 것을 '찰언관색察言觀色'이라고 한다. 이런 능력이 있어야 비로소 집안에서도, 나랏일을 해도 통달한 경지에 오를 수 있다는 것이다.

사람을 보는 안목에 관한 말로, '지인지감知人之鑑'이란 것도 있다. 사람을 알아보는 거울이라는 뜻이다. 기업의 경영자나 조직 관리자들은 '내 사람'이라고 부를 만큼 중책을 맡길 인재를 찾을 때 꼭 필요한 능력이 바로 지인지감이다. 뛰어난 인재가 가슴에 명찰을 차고 나타나는 것도 아니니 이쪽에서 상대를 알아보는 안목이 필요하다는 얘기다.

하지만 이것만 가지고는 아직 부족하다. 공자는 자신을 남보다 낮추어 생각하라고 말한다. 이를 '여이하인廬以下人'이라고 한다. 회사에서 면접을 볼 때, 대부분 신입사원 희망자를 위에서 아래로 내려다보듯이 질문을 던진다. 그래서는 그를 제대로 파악할 수 없다. 그러지 않고 상대와 눈높이를 같이 하며 시선을 나눈다면 보다 진솔한 대화로 서로를 파악하는 데 유리하고 결과가 어떻든 좋은 인상을 줄 수 있을 것이다.

조조의 인재 관리

고대 중국의 역사책에 사람을 보는 안목이 형편없어서 졸지에 목숨을 잃은 사람이 나온다. 대륙의 북방 일대에서 막강한 세력을 과시하고 있던 흉노족의 사신이 조조를 만나러 왔을 때, 체구가 매우 작았던 조조가 상대의 안목을 알아보기 위해 한 가지 실험을 했다.

신하에게 왕의 복장을 하고 상좌에 앉아서 사신을 맞이하도록 시켰던 것이다. 자존심이 유난히 센 조조는 항상 남들이 자신을 먼저 알아보고 우러러보기를 원했다. 그런 다음 조조는 큰 칼을 잡고 신하 옆에 서 있었다. 왕의 자리에 앉은 신하는 우람한 체구에 당당한 풍채로 언변까지 능한 사람이었다. 흉노족 사신과 조조의 신하는 두 나라의 각종 현안에 대해 막힘없이 대화를 나눴다.

접견을 마친 후, 조조는 흉노의 사신에게 사람을 보내 위나라 왕에 대해 어찌 생각하는지 알아보게 했다. 이에 흉노의 사신은 왕의 풍채와 고상한 덕이 참으로 대단했다고 칭찬을 했다. 이번엔 다른 질문을 던졌다.

"칼을 들고 옆에 서 있던 자는 어떻게 생각하오?"

이 말이 떨어지기가 무섭게 사신이 대답했다.

"그 자는 그리 대단치 않은 인물로 보였소. 체구도 왜소하고, 특히 눈빛이 아주 좋지 않았소."

이 말을 전해들은 조조는 분노를 참지 못하고 흉노의 사신을 당장 죽여 버리라고 명령했다. 사람을 제대로 볼 줄 모르는 그의 무지를 용서할 수 없었던 것이다.

이런 잔혹함에도 불구하고 조조는 먹고 먹히는 극한대립으로 치달았던 삼국시대의 모든 영웅들 중에서 용인술의 대가로 손꼽혔다. 조조는 인재를 알아보는 안목이 뛰어났고, 인재가 가진 능력을 최고로 끌어낼 줄 아는 사람이었다.

조조는 누구든 능력만 있으면 출신을 가리지 않았고, 탁월한 인재가 나타나면 자존심을 버리고 굽히고 들어가 어떻게든 '자기 사람'으로 만드는 집요함이 있었다.

이 때문에 위나라에는 다른 나라보다 인재가 훨씬 많았다. 이에 반해 조조와는 숙적의 관계에 있던 유비에게는 제갈량이라는 걸출한 군사와 관우, 장비, 조운 같은 장군 몇이 있지만 그들을 뒷받침할 유능한 장수는 별로 없었다. 후세의 역사가들은 조조가 실용적인 인재관을 바탕으로 많은 참모들을 받아들임으로써 한 시대를 주름잡는 호걸이 될 수 있었다고 평가한다.

사람을 알아보는 안목

우리 삶은 인간관계의 연속이다. 깊은 산속이나 무인도에서 혼자 살지 않는 이상 다른 사람들과 어울리고 부딪치며 살아가야 한다. 문제는 우리가 살면서 만나게 되는 상대가 백인

백색 제각각이라는 것이다.

세상에는 좋은 사람도 있고, 질이 나쁜 사람도 있다. 좋은 사람을 만나면 인생을 같이 가는 벗이 되지만 질이 좋지 않은 사람을 만났다가는 인생이 나락으로 떨어지는 건 금방이다. 그렇기 때문에 더욱 사람을 알아보는 안목이야말로 처세의 기본이다.

특히 사회에 나와 취업을 앞두었을 때, 자신이 몸담을 직장을 정하는 문제는 매우 중요하다. 이때의 선택이 평생을 관통하는 직업이 될 수 있고, 그로 인해 만나는 사람들이 인생에 중요한 역할을 할 수 있기 때문이다.

아무리 뛰어난 사람이라도 사람을 한눈에 알아보기는 어렵다. 몇 번을 만나는 동안 세상을 보는 눈, 관심사, 취미 등을 지켜보면 친구가 될 만한 사람이 보일 수 있다. 그렇게 찰언관색을 하는 노력이 쌓이다 보면 언젠가는 좋은 친구를 만날 수 있다. 그렇다는 것은, 백마 탄 왕자가 나타나듯이 어느 날 갑자기 좋은 친구가 나타나는 것은 아니라는 얘기다.

진나라의 백아伯牙라는 사람은 거문고의 달인으로, 그에게는 자신의 음악을 진정으로 이해해 주는 친구 종자기鍾子期가 있었다. 백아가 한 번 거문고 줄을 당기면, 종자기는 그 곡이 뜻하는 바가 무엇인지 정확히 알아내고는 칭찬을 아끼지 않았다. 이를 '지음知音'이라 한다.

자신의 예술세계를 이해해 주는 단 한 사람의 벗이 있었기에 백아는 행복했다. 두 사람은 언제 만나든 음악으로 대화를 나누며 삶에 대해, 그리고 자연의 아름다움에 대해 이야기를 나무며 깊은 우정을 나누었다.

그런데 어느 날 종자기가 갑자기 죽자, 백아는 너무나 슬픈 나머지 그토록 애지중지하던 거문고 줄을 끊어 버리고는 죽을 때까지 거문고를 들지 않았다고 한다. 이를 '백아절현伯牙絶絃'이라 한다. 마음이 서로 잘 통하는 친한 벗이라는 뜻이 담긴 말이다.

살면서 이런 친구 하나만 있어도 인생은 충분히 풍성하다는 말이 있다. 인생의 고비를 넘길 때마다 이렇게 의지할 수 있는 친구, 당신에게 그런 친구가 있는가?

절박함과 열망의 산물

九牛一毛 구우일모

만용은 파멸을 부른다

螳螂拒轍 당랑거철

당신의 진짜 보석은 무엇인가?

和氏之璧 화씨지벽

작은 것에서 행복을 찾을 줄 아는 사람

見小曰明 견소왈명

현명한 새는 어디에 둥지를 틀까?

良禽擇木 양금택목

4장

현명한 새는
어디에 둥지를 틀까?

16
절박함과 열망의 산물

九牛一毛 구우일모

아홉 마리 소의 몸에서 나온 한 올의 터럭만큼 하찮음

중국 역사상 가장 위대한 저작물

한나라 무제 때의 일이다. 이릉李陵이라는 장수가 흉노족을 정벌하기 위해 5천의 군사를 이끌고 출전하여 열흘 동안 싸웠지만, 이 정도 병력으로는 사납기 짝이 없는 흉노족에 상대가 되지 못해서 대패하고 말았다. 이때 무제는 이릉이 싸움에 져서 곤경에 빠져 있다는 전갈을 받고도 지원부대를 보내지 않았다.

그 뒤 이릉은 싸움에 크게 져서 목숨을 잃은 것으로 알려져 있었는데, 나중에 그가 흉노에 투항했다는 사실이 알려지게 되었다. 장수가 싸움에 졌을 때 스스로 목숨을 끊든지 어떻게든 도망쳐서 후일을 도모해야 함에도 그냥 투항했고, 거기서 후한 대우를 받으며 목숨을 이어가고 있다는 사실은 절대 용서받을 수 없는 일이었다.

그가 곤경에 빠져 있을 때는 본체만체 하던 임금은 크게 화를 내며 당장 이릉의 일족을 참수하라고 명했다. 너무 지나친 명령임에도 누구도 임금의 지시에 이의를 제기하지 못하고 있을 때, 사관史官 으로 있는 사마천司馬遷 이 아뢰었다.

"소수의 군사로 수만의 오랑캐와 싸우다 투항한 것은 훗날을 도모하여 황제의 은혜에 보답하기 위해서일 것입니다. 일족을 죽이는 것은 부당하니 거두어 주시옵소서."

틀린 말은 아니었다. 이릉의 성품으로 보아 흉노족에게 굴종하며 나라를 팔아먹을 인물이 아닌 것에는 누구나 동의했다. 하지만 이릉이 적진에 들어가 호의호식하고 있다니, 그가 현재 처해 있는 입장이 참으로 묘했다.

임금은 사마천의 말에 불같이 화를 내며 당장 옥에 가두라고 명령하더니 그래도 분이 풀리지 않자 사마천의 생식기를 잘라 버리는 궁형宮刑 에 처하라고 지시했다. 목숨은 붙어 있어도 남자로서는 기능을 잃어버리게 되는 치욕이었다. 이때 사마천은 절망스런 마음을 담아 친구에게 이렇게 썼다.

"내가 처형을 당하면 아홉 마리의 소의 몸에서 나온 터럭 하나쯤九牛一毛 없어지는 것과 같을 테니 나 같은 사람은 땅강아지나 개미 같은 미물과 무엇이 다르겠는가? 그럼에도 내가 죽지 않고 살아남으면 세상 사람들은 나를 졸장부라 비웃을 것이다."

사마천은 절망에 빠졌지만, 그럼에도 살아남았다. 그는 절치부심하며 아버지가 미처 마치지 못한 《사기史記》를 이어받아 기어코 130권을 완성했다. 42세에 집필하기 시작하여 55세 때 완성한 필생의 저작이었다.

《사기》는 역대 모든 군주의 정치 행위에 관한 내용과 신하들의 개인 기록에 해당하는 열전, 그밖에 통치제도, 문물, 경제, 사회 현상 등을 내용별로 분류해 쓴 기전체 역사서로, 내용이 방대하면서도 매우 정확해서 중국 역사를 통틀어 최고의 책이라는 찬사를 받는다.

예를 들어 《사기》 〈항우본기〉에는 항우라는 문제적 인물의 등장과 멸망까지의 기록을 사건 중심, 인물 중심으로 엮어 나감으로써 진나라 말기의 혼란을 틈타 나타난 군웅의 할거를 엿볼 수 있다. 나아가 항우가 왜 정상의 자리에 갔다가 한순간에 나락으로 굴러 떨어졌는지를 드라마처럼 펼쳐내고 있다.

역사가들은 사마천이 역사적 사실을 추적하여 교훈을 이끌어 내는 데 그치지 않고,《사기》를 통해 던지고 싶었던 질문이 있었다고 말한다. 그것은 바로 이것이었다.

"하늘의 도道는 과연 옳은 것인가, 그른 것인가?"

사마천은 이 장엄한 분량의 역사서를 통해 세상에서 꼭 이루어져야 하는 바른 길이라는 것이 정말 있기나 한지를 통렬하게 질문하고 있는 것이다.

"하늘은 과연 정의의 편인가? 정의의 편이라면 왜 불의한 인간들을 벌하지 않고 침묵하고 있는가?"

임금에게 옳은 소리를 했다가 가장 수치스러운 벌을 받은 사마천이 그렇듯이 얼마나 많은 충신들이 정의로운 길에 들어섰다가 무참히 사라졌는가? 역사적 사실로부터 이 같은 철학적 담론을 이끌어 낸 사마천의 질문은 오늘도 현재진행형이다.

아홉 마리의 소의 몸에서 나온 터럭 하나

"아홉 마리의 소의 몸에서 나온 터럭 하나쯤 없어지는 것과 뭐가 다르단 말인가?"

한 마리 소의 몸에 나 있는 털은 헤아릴 수 없이 많다. 하물며 아홉 마리의 소라니, 그 중에 터럭 하나쯤의 가치보다 못한 신세로 자신을 깎아내린 사마천의 울부짖음이 들리는 듯하다.

이런 울부짖음은 사마천만이 아니다. 우리도 살면서 너무나 자주 자신을 깎아내리며 마음에 상처를 낸다. 어떤 일에 실패할 때마다, 세상에 질 때마다, 사람들에게 배신을 당할 때마다, 우리는 자신을 아홉 마리 소의 몸에서 떨어져 나온 터럭 하나쯤에 불과하다며 스스로를 할퀴고 물어뜯는다.

우리가 사마천의 삶에서 주목할 점은 억울함에 지지 않고 아버지가 남긴 유언을 지키기 위해 끝까지 이를 질끈 물었다는 것이다. 그렇기에 《사기》는 한 편의 역사서라기보다 인간의 모든 문제를 탐구하는 장엄한 문학작품과 같다는 말을 듣는다.

사람은 자신에게 주어진 사명을 깨닫는 순간 결코 죽지 않는다는 말이 있다. 자기만의 삶을 자기답게 살다간 수많은 사람들이 그랬듯이 운명이 당신에게 부여한 사명을 찾고, 이루려는 결심으로 살아가기 바란다.

사마천이 그런 곤혹을 겪지 않았더라면 《사기》는 설령 집필이 완성되었을지라도 그만큼의 가치를 평가받지 못했을 것이다. 왜냐하면 그 안에는 한 인간의 절박하면서도 숭고한 열망이 고스란히 녹아 있기 때문이다. 우리에겐 이런 정신이 필요하다. 절박함과 열망, 그것 없이는 누구도 성공의 언저리도 밟지 못하기 때문이다.

역사가 우리에게 말해주는 것들

역사는 과거의 인간 생활에 대한 지식의 총체를 뜻한다. 따라서 우리는 역사를 배움으로써 인간 생활에 관한 지식의 보물단지를 손에 넣을 수 있다. 그리고 우리는 역사 속의 인물과 사건을 통해서도 많은 것을 배울 수 있다.

'전거복철前車覆轍'이라는 말이 있다. 앞서 가던 수레의 뒤집어진 바퀴자국은 뒤에 가는 수레의 경계가 된다는 말로, 이런 불길한 전례는 반드시 문제가 있음을 보여 주는 증거이니

주의하라는 뜻이다.

왜 수레가 엎어졌고, 그래서 어떻게 되었는지를 살펴보노라면 그 길을 피해 가든지, 가더라도 천천히 조심해서 가든지 어떤 식으로든 답을 얻게 된다. 역사를 통해 미래를 읽고, 자신을 돌아보며 반성한다는 말이 그래서 나왔다.

'은감불원殷鑑不遠'이란 말도 있다. 《시경》에 나오는 이 말은, 은나라가 거울로 삼을 만한 교훈은 멀리 있지 않다는 뜻으로, 가까운 곳에 교훈이나 귀감으로 삼을 만한 좋은 전례가 있다는 말이다.

하나라의 걸왕과 은나라의 주왕은 역사상 최악의 폭군으로 유명하지만 원래부터 그런 건 아니었다. 젊어서는 출중한 지혜와 용기를 겸한 인물이었지만 걸왕에게는 매희라는 여인이, 주왕에게는 달기라는 여인이 생기면서 급속히 주지육림酒池肉林에 빠져들어 나라를 망치고 말았다. 이후 주나라 문왕이 새로운 왕조를 세웠을 때 서백西伯이라는 신하가 왕에게 간언을 하다 옥에 갇히자 이런 말을 했다.

"은나라 왕이 거울로 삼을 만한 것은 먼 곳에 있지 않고 하나라 걸왕 때 있사옵니다."

왕에게 거울이 될 만한 교훈은 바로 앞에 존재했던 왕의 처절한 말로가 말해 주니 똑바로 하라는 뜻이다. 달리 말해서 역사가 곧 정치의 교과서이니 거기에 적힌 대로 하면 틀림이 없다는 얘기다. 그럼에도 불구하고 은나라 주왕은 다시 폭정을 일삼고 달기라는 여인에 빠져 지냈으니, 주나라 문왕은 이를 명심하라는 경고의 말이기도 하다.

우리는 역사를 통해 아직 보지 못한 것, 잘못 인식한 것. 잊어버린 것, 다시 돌아봐야 할 것이 무엇인지 생각해 보게 된다. 사마천의 물음이 다시 떠오른다. 결국 사마천은 후대 사람들에게 이런 교훈을 주기 위해《사기》를 집필했던 것이다.

"하늘의 도道는 과연 옳은 것인가, 그른 것인가?"

17

만용은 파멸을 부른다

螳螂拒轍 당랑거철

사마귀가 수레바퀴를 막아설 만큼 무모함

용기와 만용의 차이

'당랑거철螳螂拒轍'은 사마귀가 수레바퀴를 막아선다는 뜻으로, 자신의 힘을 모른 채 강자에게 함부로 덤벼드는 행동을 비유하는 말이다. 이 고사성어가 탄생한 배경은 이렇다.

제나라 장공이 사냥을 나갔는데 큼지막한 사마귀 한 마리가 마치 도끼를 들고 달려드는 것처럼 다리를 번쩍 들고 수레바퀴로 달려들었다. 그 광경을 본 장공이 부하에게 물었다.

"참으로 용감한 벌레로구나. 저놈의 이름이 무엇이냐?"

"예, 저것은 사마귀라는 벌레인데, 앞으로 나아갈 줄만 알고 물러설 줄 모르며 제 힘은 생각지 않고 무작정 적에 대항하는 놈입니다."

이에 장공은 감탄한 듯이 크게 웃으며 이렇게 대답했다.

"만약 저 벌레가 사람이었다면 천하에 대적할 자가 없는 용사였을 것이다."

장공은 수레를 돌려 사마귀를 피해서 가도록 했다.

《장자》에도 사마귀 얘기가 등장한다. 노나라의 학자 장여면將閭勉이 현자로 이름 높은 계철季徹에게 말했다.

"노나라 왕이 가르침을 받고 싶다기에 반드시 공손히 행동하고 공정하며, 곧은 사람을 발탁하여 사심 없이 일하게 하면 백성들이 유순해질 것이라 말해 주었습니다. 맞는 말인지요?"

그러나 계철의 대답은 단호했다.

"그대의 말은 마치 사마귀가 팔뚝을 휘둘러 수레에 맞서는 것과 같다. 노나라 왕이 그렇게 행동했다가는 자칫 커다란 위험에 빠지게 되고, 오히려 번거로운 일이 많아질 것이다."

군주는 자신의 분수를 알아야 한다. 군주의 힘이 미약한데도 무조건 자비로운 정치를 펼치면 백성들의 기강이 무너져 위험에 직면할 수 있다. 그렇듯이 약한 나라가 강한 나라에 함부로 덤벼들었다가는 하루아침에 망할지 모른다. 당랑거철은 수레바퀴에 대들었던 사마귀처럼 만용의 위험성을 경계하는 말이다.

참새가 어찌 고니의 큰 뜻을 알겠는가?

중국 역사상 최초로 천하를 통일한 진시황제는 연이은 폭정으로 민심을 잃고 불과 15년 만에 허망하게 나라의 문을 닫고 말았다. 진나라가 쇠망할 기미를 보일 때, 가장 먼저 봉기한 사람은 뜻밖에도 양성陽城 땅에서 머슴살이를 하던 농민 진승陳勝이었다.

진승은 전국 각지에서 징집된 농민들과 함께 북방을 수비하는 직책을 수행하기 위해 떠나게 되었는데, 수천리 길을 걸어야 하는데다 그들을 인솔하는 장졸들이 얼마나 포악한지 많은 사람들이 맞아죽거나 굶어죽는 일이 허다했다.

그러던 어느 날, 큰비가 내려 도로가 막히는 바람에 기일까지 목적지에 도착할 수 없게 되었다. 진나라의 법은 나라의 부름을 받고 기일까지 오지 않는 경우에는 이유 여하를 불문하고 참형을 받게 되어 있었다.

그때 진승은 전부터 뜻이 통하는 오광吳廣과 모의를 하여 농민들을 규합하고는 '어차피 죽을 바에는 백성을 진정으로 위하는 나라를 세우고 죽자'고 말하며 봉기할 것을 결의했다. 그들 일행은 모두 900여 명으로, 이들은 다음과 같은 구호를 외치며 수도를 향해 진군하기 시작했다.

"왕후장상王侯將相의 씨가 따로 있었더냐!"

그러나 진승이 이끄는 농민군의 도전은 실패가 예정된 싸움이었다. 변변한 무기도 없고 봉기의 의지를 뒷받침한 치밀한 계획조차 없었던 진승의 도전은 마치 사마귀가 수레바퀴에 도전하는 것처럼 무모한 것이었다.

그럼에도 그들이 위대한 점은 중국 역사상 최초의 농민혁명을 이끈 영웅이라는 점이었다. 게다가 이들은 각지의 호걸들에게 봉기의 대열에 동참하도록 촉진하는 역할을 했다. 항우도 그런 사람의 하나였고, 최후의 승리자가 되는 유방 역시 마찬가지였다.

만용은 파멸을 부른다

유방이 세운 한나라는 전한과 후한으로 나뉜다. 중간에 15년 동안의 공백이 있었기 때문이다. 한나라의 전반 200년은 초나라 항우와의 대결에서 이긴 거창한 출발과는 달리 엉뚱한 자에게 찬탈을 당했다가 이후 유방의 직계 후손이 다시 회복하여 역사를 이어가게 된다.

한나라를 무너뜨린 자는 왕망王莽이었다. 그는 지체 높은 가문에서 금수저로 태어난 인물이었다. 아버지의 이복동생인 고모가 한나라 원제의 왕비였기 때문이다.

그는 처음엔 하위직을 전전하거나 아예 등용되지 못하고 백수 생활을 하다가 얽히고설킨 정치세계에서 고모의 연줄에 더해 뛰어난 두뇌를 바탕으로 권력의 한가운데로 진입하여 실권을 움켜쥐었다.

그 뒤 왕망은 지리멸렬한 한나라 후반기의 혼란을 틈타 황족과 신하들을 무자비하게 짓밟고 새로운 나라에 대한 천명이 자신에게 내렸음을 선포하며 신新나라를 세우로 스스로 황제에 등극했다.

왕망은 새로운 국가 정책으로 선정을 펼쳐 강한 나라를 만들고 싶어 했다. 하지만 그를 무너뜨린 것은 하늘이 그를 벌하듯이 계속되는 자연재해였다. 재임 기간 15년 동안 3차례나 황허 강의 물길이 바뀌면서 중국 최대의 인구 밀집지역에 범람했고, 여기서 비롯된 기근과 전염병이 창궐하면서 민심이 걷잡을 수 없이 요동쳤던 것이다.

이후 왕망은 농민 봉기의 불길 속에서 반란군에 의해 피살되고 말았다. 역사는 왕망을 기록하면서, 그의 만용은 수레바퀴에 도전하는 사마귀가 그렇듯이 스스로 파멸을 불렀다며 그를 찬탈자라고 굵직한 글씨로 낙인을 찍었다. 그 뒤 한 왕조의 직계 일족인 광무제 유수劉秀가 한나라 왕조를 부흥시키겠다고 다짐하며 다시 200년의 새 역사를 써내려 간다. 우리가 후한後漢이라 부르는 바로 그 나라의 성립이다.

우리들의 당랑거철

우리가 살아간다는 것은 사마귀가 거대한 수레바퀴에 맞장을 서는 것과 같은 무모한 도전의 연속인지도 모른다. 무한경쟁의 광야에 내던져진 모든 인간은 유아기 때부터 노년기까지 계속해서 인생이란 이름의 수레바퀴에 맞서야 한다.

인생이란 속도냐, 방향이냐 말들이 많지만 중요한 것은 고통을 견디며 악착같이 앞으로 나아가는 것이다. 힘들고 지치는 일이지만 아무튼 전진해야 한다. 미국의 작가 랄프 왈도 에머슨Ralph Waldo Emerson은 이런 말을 남겼다.

영웅이란 보통사람들보다 5분쯤 더 용기를 지속하는 것뿐이다. 5분쯤의 버티는 힘이 운명을 바꾼다. 결국 영웅이란 남보다 조금 더 버티는 힘을 가진 사람이다.

성공하는 인간을 만드는 첫째 조건이 버티는 힘이라는 에머슨의 말은 우리에게 커다란 위안을 준다. 성공의 조건이 막대한 돈이나 강력한 체력이 아니기에 그렇다. 남보다 5분쯤 더 참고 버티고 견뎌 내는 힘을 발휘한다면 성공을 맛볼 수 있다는 그의 말은 당랑거철처럼 세상의 벽을 두드리는 당신을 위한 응원가이기도 하다.

18

당신의 진짜 보석은 무엇인가?

和氏之璧 화씨지벽

천하에 둘도 없는 옥돌처럼 귀한 보석

보석의 가치를 알아보지 못한 무지

초나라의 화씨和氏라는 사람이 산에서 매우 귀하게 보이는 옥돌을 발견하고는 이것을 왕에게 바쳤다. 평소에 보물을 좋아했던 왕은 화씨의 선물에 무척 기뻐하며 당장 옥돌을 감정하게 했다.

그런데 이게 웬일인가? 감정사가 말하기를, 화씨가 바친 옥돌은 그냥 보통의 돌멩이에 지나지 않는다는 것이었다. 이에 왕은 벌컥 화를 내며 화씨의 왼쪽 발을 자르는 벌을 내렸다.

왕이 죽고 다음에 보위에 오른 아들 왕에게 화씨는 다시 그

옥돌을 바쳤다. 그가 보기에 이 옥돌은 세상에 하나밖에 없는 진귀한 보석이 틀림없었기 때문이다. 그러나 이번에도 감정사는 같은 답을 내놓았고, 왕은 불같이 화를 내며 이번에는 오른쪽 발을 자르게 했다.

두 번째 왕이 죽고, 세 번째 왕이 즉위했다. 이때 화씨는 옥돌을 끌어안고 사흘 밤낮을 울다가 나중에는 눈물이 말라 피가 흘렀다. 이 소식을 들은 왕이 까닭을 묻자 화씨가 연유를 말했다.

"이 옥돌은 천하에 둘도 없는 최고의 보물인데도 이를 몰라주니 너무 억울해서 울고 있습니다."

이에 왕이 옥돌을 다른 감정사에게 감정을 맡겼더니, 이번에는 천하에 둘도 없는 보석이라는 답이 돌아왔다. 왕은 이 옥돌에 '화씨지벽和氏之璧'이라는 이름을 붙이고 화씨에게 큰 보상을 내리며 그간의 고생을 위로했다.

이 일화는 고생 끝에 낙이 온 백성의 이야기라기보다 진귀한 보석의 가치를 알아보지 못하고 화씨에게 가혹한 벌을 내린 왕의 무지에 관한 내용일 것이다. 자기 손 안에 들어온 보석을 알아보지 못하고 남이 가진 보석을 부러워하는 우리에게 화씨지벽의 이야기는 '너 자신을 돌아보라'고 말하고 있다.

보석의 진짜 가치를 알지 못하는 사람들

서주西周의 유왕은 여색을 몹시 밝혀서 절세미인인 후궁이 수십 명에 달했다. 유왕은 후궁을 얻으면 엄청나게 많은 보석을 선물하여 여인의 혼을 쏙 빼놓곤 해서 나라 안에 보물이 남아나지 않을 정도였다.

그런데 이번에 새로 얻은 미인 포사褒姒는 문제가 있었다. 아무리 선물 공세를 해도 전혀 웃지를 않아 왕의 애를 태웠다. 둘 사이에 예쁜 아들이 태어났을 때에도 포사는 웃음기 없는 얼굴로 허공만 멍하니 바라볼 뿐이었다.

유왕은 애가 닳았다. 어떻게든 포사를 웃게 하려고 더 많은 선물을 주고 왕의 체면도 잃고 춤을 추며 애교도 떨어 보았지만 그래도 전혀 웃지를 않았다. 이에 유왕이 포사를 웃게 만드는 자에게는 큰 선물을 하사하겠노라고 선언했다.

이에 몇몇 간신들이 몇 가지 묘안을 내기는 했지만 포사의 마음을 얻기는커녕 한층 더 입을 다물고 침울한 낯빛으로 외면할 뿐이었다. 애가 탄 유왕은 묘안을 내는 자에게 금은보화에 천금의 포상금을 주겠노라고 말했다. 이에 한 신하가 말했다.

"외적의 침입이 없는데도 위급을 알리는 봉화를 올리면 제후들이 서둘러 대궐에 모일 테고, 그들이 허둥대며 명을 기다리는 모습을 보면 포사가 틀림없이 웃을 것입니다."

얘기인즉슨, 봉화를 올리면 제후들이 전쟁이 일어난 줄 알고 병사들을 이끌고 허겁지겁 달려올 테고, 아무 일도 없는 걸 알고는 툴툴거리며 돌아갈 것이다, 그런 어이없는 광경을 보고 포사가 웃음을 터뜨릴 것이라는 제안이었다.

유왕이 실제로 해보았는데, 과연 포사가 제후들이 투덜거리며 돌아가는 걸 보며 배시시 웃었다. 이것이로구나! 유왕은 무릎을 탁 쳤고, 이런 기발한 생각을 제출한 신하에게 약속한 포상금을 주었다.

유왕은 그 뒤에도 포사를 웃게 만들기 위해 가짜로 봉홧불을 올리는 이벤트를 몇 차례 더 벌였다. 하지만 포사는 이런 일이 두세 번 반복되자 다시 웃지 않았고, 유왕은 그제서야 헛돈을 쓴 것을 알게 되었다.

그러나 유왕이 잃어버린 것은 재물만이 아니었다. 나중에 정말로 외적이 침입했는데, 아무리 봉화를 올려도 제후들은 또 유왕이 장난을 치는 것으로 알고 아무도 움직이지 않았던 것이다. 이로써 서주는 끝내 멸망하고 말았다.

이런 고사가 우리에게 주는 교훈은 너무도 분명하다. 왕에게 있어 어떤 보석도 나라의 가치를 뛰어넘는 것은 없는데도 여색에 빠져서 엉뚱한 짓을 벌이다가 모든 것을 다 잃고 말았다는 것이다.

유왕의 사례는 우리에게 자기가 가지고 있는 진짜 보석을 소중히 간직하지 못하면 결국 모든 것을 잃게 된다는 사실을 알려준다. 유왕이 포사가 아니라 나라를 더 사랑했더라면 그렇게 허망하게 왕좌에서 쫓겨나 죽음을 맞이하는 일은 없었을 것이다.

당신이 가진 진짜 보석

예전에 읽은 책에 이런 글이 실려 있었다. 어느 왕이 청렴결백하기로 소문난 신하에게 물었다.

"그대는 몹시 가난하니 필요한 것들이 많을 텐데도 왜 나에게 도움을 청하지 않는 것인가?"

"저는 폐하보다 훨씬 더 부자이기 때문에 도움을 청할 일이 없습니다."

"어떻게 그대가 나보다 더 부자라고 생각하는가?"

"저는 지금 제가 가진 것에 완벽히 만족하기 때문입니다."

신하의 말은 진짜 보석은 왕이 가진 금은보화에 명예로운 삶이 아니라 욕심 없이 살아가는 소박한 마음이라는 사실을 일깨워 준다. 욕심이 없기에 걱정이 없으며, 걱정이 없기에 자신의 삶이 그 어떤 보석보다 더 빛이 난다고, 신하는 말한다.

옛날 군주들은 값나가는 보석에 정신이 팔려서 사람을 죽이거나 전쟁을 불사하는 일이 많았다. '포벽유죄抱璧有罪'라는 고사가 그것을 말해준다. '분수에 맞지 않는 비싼 물건을 갖고 있으면 나중에 재앙을 부르게 된다'는 뜻의 이 말에는 실제 역사의 흔적이 묻어 있다.

우나라 우공의 아우 우숙이 천하제일의 옥구슬을 갖고 있다는 소문을 듣고, 우공이 다짜고짜 내놓으라고 윽박질렀다. 그러자 우숙이 이렇게 말했다.

"필부는 죄가 없어도 보물을 갖고 있으면 그게 곧 죄가 된다. 공연히 화를 부를 필요가 없다."

우숙은 순순히 보물을 바쳤는데, 얼마 뒤에 형이 이번에는 우숙이 갖고 있는 보검을 달라고 했다. 그러자 우숙이 말했다.

"만족을 모르는 형은 언젠가는 내 목까지 내놓으라고 할 것이다."

우숙은 반란을 일으켜 형을 내쳤다. 옥구슬 하나가 형의 목숨과 나라의 파멸까지 불러온 것이다. 헛된 욕심의 끝자락엔 항상 비극이 도사리고 있음을 이들의 사례에서 찾아볼 수 있다.

《논어》에 사람이 행하지 말아야 할 네 가지 악덕이란 뜻의 '극벌원욕克伐怨慾'이란 말이 나온다. 네 가지 악덕은 남을 이기기를 즐기는 승벽勝癖, 자기의 재능을 함부로 과시하는 자만自慢, 원한을 품는 원망怨望, 욕심을 내는 탐욕貪慾이다.

무엇을 하든 남을 이기려 하고, 어디서나 자신을 과시하려고 하며, 사소한 일에도 자존심을 구겼다며 원한을 품고, 무엇이든 내 것으로 만들려고 욕심을 내는 일이야말로 자기가 가진 마음속의 보석을 갉아먹는 일이라는 공자의 말씀은 아름다운 후궁을 웃게 만들려고 헛된 짓을 일삼았던 유왕의 어리석음을 꾸짖는 말처럼 들린다.

당신이 가진 진짜 보석은 무엇이고, 그것을 지키기 위해 어떻게 하고 있는가? 혹시 포사의 웃음처럼 엉뚱한 것을 보석이라고 생각하고 있지는 않은가? 아니면 화씨지벽의 가치를 알지 못했던 왕들처럼 당신 안에 진짜 보석이 있음에도 모르고 있는 건 아닌가?

보석이 꼭 다이아몬드일 필요는 없다. 화씨지벽 같은 값나가는 옥돌이 아니어도 좋다. 심지어 당신의 보석이 단지 마음속의 희망 한 줄기라도 괜찮다. 그것이 당신이 생각하는 최고의 보물이라고 생각하면 그게 곧 화씨지벽이니 말이다.

그렇다면 중요한 것은 하나뿐이다. 마음속의 한 줄기 희망을 고이 간직하고 그것을 착실히 가꾸며 현실로 바꿔 나가는 과정 또한 보석처럼 반짝일 테니 말이다.

19
작은 것에서 행복을 찾을 줄 아는 사람

見小曰明 견소왈명

작고 하찮은 것을 볼 줄 아는 것을 밝음이라 함

작은 것을 볼 줄 아는 능력이 중요하다

'견소왈명見小曰明'은 노자老子가 남긴 말로, 작은 것을 볼 줄 아는 것을 밝음이라 한다는 뜻이다. 사소한 변화를 감지하는 날카로운 통찰력을 의미하는 이 말은 지혜 있는 자가 되려면 반드시 갖춰야 할 능력이라고 할 수 있다.

다음은 《한비자》〈유로喩老〉에 나오는 이야기다. 옛날 상나라의 주왕紂王이 상아 젓가락을 만들자, 충직한 신하로 유명한 기자箕子가 이를 염려해 이렇게 말했다.

"상아 젓가락은 흙으로 만든 그릇에는 사용할 수 없으니 무소뿔이나 옥으로 만든 그릇만 사용하게 될 것입니다. 상아 젓가락에 옥으로 만든 그릇을 쓰게 되면 채소 같은 푸성귀보다는 소나 코끼리나 표범 고기를 먹게 될 것입니다. 소나 코끼리나 표범 고기를 먹게 되면 삼베로 만든 짧은 옷을 입거나 초가집에서는 살려고 하지 않고 반드시 비단 옷을 입고 구중궁궐이나 넓은 집, 높은 누대가 있는 집에서 살려고 할 것입니다. 저는 그로 인한 결과가 두렵기에 상아 젓가락을 처음부터 걱정합니다."

처음엔 한 짝의 상어 젓가락에 불과했지만, 그로 인한 여파는 세상에서 가장 화려한 고대광실로 비화되고 말았다. 기자의 말을 알아듣지 못하는 주왕은 자신을 능멸한다며 당장 감옥에 가두었다. 단지 상어 젓가락 하나뿐이므로 주왕은 자신의 생각이 잘못되었다고 생각하지 않았다.

하지만 그 뒤 주왕은 기자의 예상대로 살았다. 저 유명한 주지육림酒池肉林이었다. 술로 만든 연못과 고기로 이룬 숲이라는 이 말은 주왕이 매일같이 얼마나 호사스럽고 방탕한 술잔치를 벌였는지를 말해 준다. 모두 상아 젓가락 하나에서 출발한 일이었다.

주왕은 원래 제왕의 자질이 뛰어나고 두뇌가 명석하여 남을 꿰뚫어보는 눈을 갖고 있었다고 한다. 여기다 맹수를 맨주먹으로 때려잡을 정도로 강력한 힘을 가지고 있어 만인을 호령할 수 있는 최고의 조건을 갖추고 있었다.

하지만 주왕은 주색과 자만에 빠져 신하들의 말을 듣지 않았을 뿐만 아니라 조금만 귀에 거슬리는 말을 하는 신하는 포락형炮烙刑이란 형벌에 처했다. 포락형이란 구리 기둥에 기름을 발라 숯불에 달군 뒤 그 위를 맨발로 걸어가게 하고, 미끄러지게 되면 불에 타죽는 가혹한 형벌이었다.

결국 주왕은 망했다. 기자의 통찰력에서 알 수 있듯이 모든 일의 조짐은 상아 젓가락이라는 사소한 것으로부터 시작되었다. 어리석은 자와 지혜로운 자의 차이는 지력이나 힘이 아니라 위기가 닥칠 가능성을 미리 알아내는 견소왈명의 지혜에 달려 있음을 여기서도 알 수 있다.

하인리히 법칙

'회색 코뿔소The Grey Rhino'라는 개념이 있다. 2톤에 달하는 덩치를 자랑하는 코뿔소가 달려올 때는 지축을 흔드는 진동과 코뿔소가 뿜어내는 숨소리 때문에 누구라도 쉽게 녀석의 존재를 인지할 수 있다.

이렇게 어떤 위험의 징후가 지속해서 나타나서 사전에 충분히 예상할 수 있음에도 그것을 무시하여 제대로 대응하지 못하는 상황을 바로 '회색 코뿔소'라 부른다.

멀쩡하던 5층 건물이 무너져서 20명의 사상자가 발생하는 사건이 일어났다. 사전에 붕괴의 조짐이 있었다. 1년 전부터 외벽에 금이 가는 현상이 보였고, 5개월 전부터는 건물이 좌우로 흔들리는 현상이 나타나더니 3개월부터는 건물 전체에서 삐거덕거리며 찢어지는 소리가 들렸다.

그럼에도 건물주는 지은 지 10년도 안 되었고 예전에도 이런 일이 있었기 때문에 그러려니 하고 있었다. 건물이 무너지던 날에는 새벽부터 쩍쩍 갈라지는 소리가 들려서 세입자들이 급히 대피했는데 정오쯤에 이르자 본격적으로 붕괴 현상이 발생하고 말았다. 그런데도 건물주는 완전히 무너지고 나서야 위험을 인식했다. 전형적인 회색 코뿔소이다.

'하인리히 법칙Heinrich's law'이란 말이 있다. 1931년 미국 여행보험사의 손실 통제 부서에서 근무하던 허버트 하인리히 Herbert Heinrich는 산업 현장에서 벌어지는 산업재해 사례들을 분석하던 중에 여기에 일정한 법칙이 있다는 사실을 발견했다.

하인리히가 발견한 법칙은 큰 재해로 1명의 사상자가 발생할 경우, 그 전에 같은 문제로 경상자가 29명 발생하며 동일한 문제로 다칠 뻔한 사람은 300명 존재한다는 내용이다. 한 번의 큰 재해가 있기 전에 그와 관련된 작은 사고나 징후들이 먼저 일어나기 때문에 그것만 재빨리 알아차린다면 재해를 얼마든지 예방할 수 있다는 결론이다.

하인리히 법칙은 큰 재해와 작은 재해, 사소한 사고의 발생 비율에 빗대어 '1 : 29 : 300 법칙'으로 부르기도 한다. 이 법칙은 이후에 경제, 사회적 현상들의 설명에도 폭넓게 사용되고, 심지어 개인의 일상에도 적용되어 무슨 일이 벌어지면 '이것이 나에게 무엇을 암시하는 조짐이지?' 하는 의문을 갖고 주변을 돌아보게 한다. 또 다른 의미의 견소왈명이다.

건물주의 경우, 1년 전에 건물의 안전 진단을 해봤더라면 이런 사고는 미연에 방지할 수 있었을 것이다. 적어도 5개월, 아니 3개월 전에라도 손을 썼더라면 사람도 살리고 건물도 살릴 수 있었는데, 하인리히 법칙은 물론이고 견소왈명이라는 노자의 말씀을 무시했다가 패가망신하고 말았다.

내가 가진 작은 꿈들

노자는 견소왈명에 이어서 '수유왈강守柔曰强'이라는 말을 덧붙였다. 부드러움을 지키는 것을 강함이라고 한다는 뜻으로, 이는 곧 부드러운 것이 강한 것이라는 의미일 것이다.《노자 도덕경》에 이런 글이 나온다.

이 세상에서 물보다 부드럽고 약한 것은 없지만
단단하고 강한 것을 치는 데는 물보다 더 나은 것이 없다.

부드럽기로 치면 물보다 더한 것이 없지만 물보다 더 강한 것도 없다는 노자의 말이 큰 울림이 되어 가슴에 남는다. 홍수가 나면 모든 것을 삼켜 버리는 물의 위력에 놀라게 된다. 그렇기에 치산치수治山治水는 모든 제왕들의 숙원사업이었다.

옛날에는 한 번 물난리가 나면 나라가 통째로 망해 버릴 정도로 피해가 컸기에 물을 다스리는 일에 정성을 다했다.

'제궤의혈堤潰蟻穴'이란 말이 있다. 제 아무리 큰 둑도 개미구멍으로 인해 무너진다는 뜻으로 작은 일이라도 신중하게 대하라는 말이다. 아무리 제왕과 백성들이 물난리가 일어나지 않도록 애를 썼어도 개미구멍을 무시한다면 다 소용없는 일이 된다는 뜻이다.

노자가 말한다. 당신의 꿈이 무엇이고 그 꿈을 이루기 위해 무엇을 하든, 꿈을 이루는 것은 작은 것을 볼 줄 아는 밝음으로부터 시작된다고. 그리고 강함을 만들어 내는 부드러움이 바탕에 있어야 한다고.

그렇기에 앞길을 가로막는 많은 징후들을 미리 알아차려 대비하고 자꾸만 나태해지는 자신을 이겨내면서, 목표를 향해 착실히 걸음을 옮기라고 말이다.

20
현명한 새는 어디에 둥지를 틀까?

良禽擇木 양금택목

영리한 새는 나무를 가려서 둥지를 튼다

제후가 공자를 붙잡은 이유

공자가 위衛나라에 갔을 때, 제후 공문자孔文子가 공자의 처소로 달려와 뜻밖의 질문을 던졌다.

"조만간 이웃나라를 침략하려는데, 승리를 거둘 비책이 무엇인지 알고 싶습니다."

이에 공자가 말했다.

"저는 제사를 지내는 일이라면 배운 적이 있지만 싸움에 대해서는 아는 것이 전혀 없습니다."

그렇게 말한 후, 공자가 제자들에게 서둘러 떠나자고 재촉

했다. 제자들이 까닭을 묻자 공자가 말했다.

"현명한 새는 나무를 가려서 둥지를 틀고 어진 신하는 훌륭한 군주를 가려서 섬기는 법이다."

호시탐탐 전쟁의 기회만 엿보는 군주와 함께 있다가는 언제 화를 당할지 모르니 어서 자리를 뜨자는 스승의 말에 제자들은 급히 짐 보따리를 챙겼다.

'양금택목良禽擇木'은 현명한 새는 나무를 가려 둥지를 튼다는 뜻으로 현명한 사람은 자신의 재능을 알아주는 사람을 벗으로 삼고, 어진 선비는 백성을 진심으로 위하는 임금을 가려 섬긴다는 말이다.

그러나 어찌 신하가 임금을 선택하는 일에만 그치겠는가? 직장을 선택하는 일도, 친구나 연인을 선택하는 일도 모두 양금택목의 지혜를 발휘해야 한다.

취업을 했다고 좋아했는데, 알고 보니 월급도 제대로 주지 못하는 부실기업이었다는 얘기가 들린다. 이상한 남자를 잘못 사귀었다가 인생을 망치는 여자들이 많다는 사실을 우리는 잘 알고 있다.

잘못한 선택을 단순히 불운으로만 돌릴 일은 아니다. 충분한 고민 없이 기분에 휩쓸려 선택하는 일이 많은 우리들이 아닌가. 선택하기 전에 많이 고민하고, 주위사람들의 말을 듣는 등 면밀하게 검토하는 시간을 가질 필요가 있다.

월왕 구천의 관상

월나라 왕 구천句踐이 마침내 철천지원수인 오나라 왕 부차夫差를 물리치고 중국 대륙 남쪽의 드넓은 영토를 차지하게 되었다. 대를 이어 벌어진 아주 긴 싸움을 끝낸 구천은 누구의 간섭도 받지 않고 천하를 다스릴 생각에 가슴이 부풀었다.

구천이 승리를 쟁취하게 된 데에는 범려范蠡와 문종文鐘이라는 두 명의 유능한 신하가 있었기에 가능했다. 오랜 세월 구천을 모셨던 범려와 문종에게는 이제 태평한 시대를 맞아 더 큰 꿈을 펼칠 시간만 남아 있었다.

그런데 범려가 문종을 찾아와 뜻밖의 말을 했다.

"구천은 집념이 매우 강하나 시기심이 많아 환란은 함께 할 수 있어도 안락은 같이 나눌 수 없는 인물이오. 구천이 변심을 해서 우리를 죽이기 전에 적당히 핑계를 대고 어서 떠나는 게 좋을 거요."

환란의 시기에는 사람들의 지혜를 필요로 하지만 안락이 왔을 때는 혼자 누려도 되니 도와주었던 사람들이 생각날 리 없다. 그러고 보니 전쟁이 끝난 후의 구천은 마치 저 혼자 모든 것을 다 이뤄냈다는 듯이 거만을 떨며 안하무인으로 사람들을 대하고 있었다.

범려는 더 이상 고민 없이 과감히 떠났지만 문종은 설마 하며 결단을 내리지 못했다. 구천이 구국의 영웅이라며 칭찬했던 나를 치겠는가? 문종은 결코 그렇게 생각하지 않았다.

그러다가 끝내 최후의 날을 맞고 말았다. 범려가 예상한 대로 구천은 문종에게 말도 안 되는 죄목을 붙여 처형하고 말았다. 범려는 월나라를 떠나기 전에 문종에게 이런 편지를 보냈다.

날던 새를 다 잡으면 좋은 활이라도 창고에 처박아 두게 되며
교활한 토끼가 죽으면 사냥개를 삶아 먹고,
적국을 멸망시키고 나면, 함께 도모하던 신하를 버린다.

문종은 평생을 바쳐 구천을 모셨지만 결국 구천의 배신으로 토끼 사냥에 앞장섰던 사냥개처럼 삶아 먹히고 말았다. 너무 오래 같은 둥지를 틀고 있었던 문종에게 그런 비극은 필연적이었는지도 모른다.

범려는 그 뒤 제나라로 가서 두 아들과 함께 농사를 짓고 장사를 해서 큰 부자가 되었다. 이때 제나라의 평공이 범려를 재상으로 삼으려고 하자, 그는 모든 재산을 지인들에게 나눠주며 제나라에서의 생활을 정리했다.

범려는 다시 제나라를 떠나 교통과 상업의 중심지였던 정도定陶로 이주했다. 스스로 도주공陶朱公이라고 칭한 범려는 상업에 전념하여 막대한 부를 쌓았다. 하지만 범려는 부의 축적에만 몰두하지 않고 가난한 백성들을 구제하고 경제적으로 어려운 지인들을 살피는 등 의기를 보여 《사기》 〈화식열전〉에서 가장 이상적인 부자로 꼽히기도 했다.

범려는 후대에 상성商聖, 성인의 반열에 오른 상인 도주공으로 불릴 만큼 대표적인 상인으로 꼽히며, 오늘날에도 경제인의 원조로 여겨진다. 범려는 상업을 국정을 살피는 것과 동일시했는데, 번성할 때 행동을 자제하여 쇠퇴를 막고 반대로 몰락의 시기에도 낙담하지 않고 기회를 창출하여 회생의 길로 나아가야 한다고 보았다.

두 친구의 다른 선택

《한비자》를 저술한 한비韓非는 중앙집권적 제국의 체제를 세운 법가法家 이론을 집대성한 인물이다. 어려서부터 순자의 성악설에 심취하여 그를 사숙한 한비는 자연스럽게 법치주의자로 성장하며 탄탄한 이론을 갖추게 되었다.

한韓나라 태생인 그는 왕에게 법가주의의 핵심 이론을 끊임없이 진언했지만 잘 받아들여지지 않았다. 백성을 강력한 법치로 다스리는 정치 행위는 그만큼 배짱이 있어야 가능한 일인데 대부분의 군주들은 피바람을 부르는 신상필벌이 뒤따르는 일이라 선뜻 결심을 하지 못했다.

그런데 좌절하고 있던 한비에게 마침내 둥지를 틀 군주가 나타났다. 그의 이론에 관심을 갖고 직접 활용하려는 사람은 강대국 진秦나라의 왕으로, 그는 바로 미래의 진시황제였다.

진나라 왕에게 한비를 소개한 사람은 어린 시절 동문수학

한 이사李斯였다. 어려서부터 인간관계 처신에 능했던 이사는 어느새 진나라 왕의 신임을 얻고 꽤 높은 벼슬자리를 꿰차고 있었다. 이때까지만 해도 이사는 한비자와 함께 순자에게 배웠던 정치 철학을 마음껏 펼치고 싶어 그를 초대한 것이었다.

한비를 만난 진나라 왕은 깜짝 놀랐다. 처음엔 말을 심하게 더듬는 한비의 초라한 몰골에 놀랐고, 다음엔 그의 당당함과 학문적 깊이에 놀랐다. 한비에 매료된 왕은 당장 자신의 사람으로 만들겠다고 결심했다. 천하 통일의 야망에 불타는 왕에겐 한비 같은 지혜로운 신하가 절대적으로 필요했다.

이제 한비자에게는 긴 방황을 끝내고 장차 진시황제가 될 왕과 천하를 도모할 일만 남게 되었다. 그러나 얼마 지나지 않아 훼방꾼이 나타났다. 뜻밖에도 한비를 진나라 왕에게 천거한 이사가 한비를 배신했던 것이다.

항상 한비의 학문과 세상을 직관하는 안목에 열등감을 느껴 왔던 이사는 한비가 진나라 왕에게 기대 이상으로 사랑을 받자 자신의 위치에 위협을 느꼈다. 처음엔 동지로 생각해서 불렀는데 잘못하다가는 자신이 쫓겨나게 생겼다.

이에 이사는 한비에게 말도 안 되는 죄를 뒤집어 씌웠다. 진나라 왕은 어이없게도 이사의 말을 들었고, 한비는 투옥을 당한 후에 음독자살로 생애를 마감했다. 그의 나이 49세 때였다. 현명한 새는 나무를 가려서 둥지를 튼다고 했는데, 누구보다 현명했던 한비는 왜 잘못된 선택을 했던 것일까?

아무리 뛰어난 능력을 타고 났으면 뭐 하나? 자신의 운명이 가리키는 시곗바늘을 제대로 읽을 줄 알아야 한다.

새는 나무를 선택할 수 있지만 나무는 새를 선택하지 못하는 법, 자신의 인생을 맡길 둥지를 선택하는 눈을 가져야 한다. 이것은 학문이니 철학이니 하는 것과는 전혀 다른 종류의 특성으로 큰 꿈을 가진 사람이라면 반드시 키워야 될 능력이다.

진짜 정치는 그런 게 아니다

惠而不知爲政 혜이부지위정

인간은 욕망의 노예다

狐假虎威 호가호위

세상에 널리 해로움을 주는 사람

意必固我 의필고아

당신은 어떤 리더가 되고 싶은가?

寬猛相濟 관맹상제

함께 하는 여정의 동반자

擧案齊眉 거안제미

5장

당신은 어떤 리더가 되고 싶은가?

21
진짜 정치는 그런 게 아니다

惠而不知爲政 혜이부지위정

무조건 은혜를 베푸는 것은 바른 정치가 아님

수레와 다리의 차이

춘추시대 정나라의 대부 자산子産은 어질고 부지런한 재상으로 이름이 높았다. 원래 정나라는 강대국들의 틈새에서 겨우 명맥을 잇는 나라였지만 자산이 국내 정치와 외교 분야를 맡아 일할 때는 그를 중심으로 백성들이 똘똘 뭉쳤기 때문에 어떤 나라도 감히 정나라를 가볍게 보지 못할 만큼 강했다.

그는 백성들을 아끼고 사랑하는 정치가로 유명해서 따르는 사람들이 많았다. 한번은 백성들이 강을 건너느라 고생하는 걸 보고 자신의 수레에 함께 타고 건너도록 해서 그의 은혜로움에 백성들의 존경이 쏟아졌다.

그밖에도 자산은 백성들이 일상생활에서 느끼는 불편함을 보면 반드시 그 자리에서 해결해 주었다. 공자도 자산을 높이 평가했다.《논어》〈공야장公冶長〉에 이런 글이 나온다.

> 자산은 군자의 네 가지 도를 지니고 있었으니 행실은 공손하고 윗사람을 섬길 때는 공경했으며, 백성들에게는 은혜로웠으며 백성을 다스리는 데는 의로웠다.

이렇게 공자마저도 자산의 애민정신을 칭찬했는데, 맹자는 자산에 대해 머리를 흔들며 의문부호를 던졌다. 맹자는 자산이 정치를 할 줄 모르는 사람이라고 꼬집으며 이렇게 말했다.

> 그는 은혜롭기는 하나 정치를 할 줄 모른다. 강을 건너는 사람을 일일이 태워 줄 게 아니라 사람이나 수레가 건널 수 있는 다리를 놓아 주면 백성들이 물을 건너는 데 근심하지 않을 것이다.

은혜를 베푸는 건 좋지만 다음 해에, 또 다음 해에 같은 일이 벌어지면 어떻게 할까? 그때마다 수레를 대령해서 백성을 태워 준다면 몸이 열이라도 부족할 것이다.

맹자는 이것을 '혜이부지위정惠而不知爲政'이라고 했다. 근본적으로 문제를 해결하지 않고 임시변통으로 상황을 모면하는 것은 바른 정치가 아니라는 뜻이다.

《맹자》〈만장 상萬章 上〉에는 자산子產이 겪었던 다른 이야기가 실려 있다. 어느 날 다산이 백성으로부터 큼지막한 물고기를 선물 받았다. 자산은 살아 있는 물고기를 잡아먹을 수 없어 하인에게 연못에 넣어 잘 살게 하라고 일렀다.

이에 하인은 물고기를 날름 잡아먹고는 태연히 그렇게 했노라 보고했다. 그러니 자산은 그런 줄만 알았다. 그러자 하인이 키득거리며 이웃사람들에게 말했다.

"누가 자산을 지혜 있는 사람이라 하는가? 내가 삶아먹은 것도 모르고 물고기가 연못에 잘 있겠구나 하며 좋아한다."

자산은 물고기에게 생명을 살리는 은혜를 베풀었지만, 하인은 이를 이용하여 자신의 배를 채웠다. 아무리 학덕이 높은 군자라 해도 세상물정에 어두우면 교활한 자들에게 속아 넘어갈 수밖에 없음을 경계한 말로, 이 또한 맹자가 지적한 '혜이부지위정'의 한 단면일 것이다.

아르헨티나의 몰락

어릴 때 보았던 《엄마 찾아 삼만 리》라는 만화영화를 기억하는 사람이 많을 것이다. 주인공 소년이 외국에 돈 벌러 간 엄마를 찾아가며 겪는 이야기였다.

이 만화영화에서 소년이 사는 곳은 이탈리아였고, 엄마가 돈 벌러 간 곳은 아르헨티나였다. 가난한 이탈리아 여성이 선진국인 아르헨티나에 가정부로 일하러 간 것이다.

1910년대까지만 해도 아르헨티나는 세계에서 가장 잘사는 나라 중 하나였는데, 불과 20년 후인 1930년대에 세계대공황이 시작되면서 서서히 암운이 드리워지더니 몇 년 뒤에 들어선 페론 정부가 본격적으로 포퓰리즘 정책을 펴면서 급격하게 가라앉았다.

문제는 오랫동안 정부의 퍼주기 정책에 길들여진 국민이었다. 오늘날 세계에서 가장 가난한 나라 중에 하나인 아르헨티나는 국민이 당장의 편안함만 탐닉하고 미래를 생각하지 않는 한 나라의 미래가 전혀 없음을 여실히 보여 주고 있다.

신화의 나라 그리스도 사정은 마찬가지였다. 1981년 사회당 정부가 들어서면서 그리스는 세계 최고의 복지 천국이 되었다. 전 국민 출퇴근 시간 대중교통 무료 이용, 초등학교부터 대학교까지 무상교육, 건강보험제도 없이 무상의료 혜택, 심지어 서민들의 월세까지 국가에서 제공했다.

이런 과잉복지는 그리스를 가차 없이 잠식해갔다. 자연히 국가부채가 산더미처럼 늘어나 그리스는 유럽에서 가장 빈곤한 나라 중의 하나가 되었다. 강을 건너는 백성들을 위해 다리를 세워 줄 생각은 하지 않고 수레에 태워 함께 건너는 식으로는 근본적인 해결책이 아니라는 맹자의 말이 이해가 된다.

무조건 혜택보다 대화가 먼저다

> 오늘날 가난한 사람들에 대해 말하는 것이 일종의 유행이 되었지만, 안타깝게도 가난한 사람들과 대화하는 것은 유행하지 않는다.

마더 데레사Mother Teresa가 남긴 말이다. 가난한 사람들에게 혜택을 주겠다는 말은 많이 하지만 그들과 가슴을 맞대고 진심을 다해 대화하여 근본적인 해결책을 도출하는 일은 염두에 없는 사람들에게 하는 말이다.

이 말은 아르헨티나와 그리스 정부가 국민들에게 복지 혜택을 베푼 것이 자기들의 정권 연장을 위한 포퓰리즘이었을 뿐, 빈곤 문제를 근본적으로 해결하기 위해 국민들과 그 어떤 진심어린 대화가 없었던 것과 같다.

많은 기업들이 직원들의 복지 문제 해결에 최선을 다한다. IT기업 A회사도 예외는 아니었다. 창업 4년 차인 이 회사는 연매출 500억 원의 의료기구 제조업체로 국내 시장은 물론 해외 시장에서도 발군의 영업 실적을 올려 업계의 주목을 받는 기업이었다.

이 회사의 사장은 직원들의 복지 문제에 각별한 관심을 쏟아서 경쟁기업보다 높은 임금 수준에 업계 최초로 주 4일 근무 제도를 채택했을 뿐만 아니라 매년 회사의 이익을 직원들에게 고루 나눠 주는 특별 상여금 제도까지 도입했다.

이것만이 아니었다. 미혼자의 경우 숙식을 해결할 수 있는 오피스텔을 제공하고 결혼하는 직원에게는 1억 원의 특별 보너스를 주었다. 여기다 기혼자 중에 주택을 마련하는 직원에게는 보조금을, 직원의 자녀에게 교육비를 지급하는 등 그밖에도 다양한 형태의 복지 제도를 시행했다.

사장은 IT기업은 직원들의 능력치가 가장 큰 자산이므로 이런 복지 제도를 통해 유능한 사원들을 최대한 확보할 수 있다고 믿었다. 그렇기에 복지 예산은 매년 폭발적으로 늘어났다. 직원들의 요구사항이 날로 늘어나다 보니 거기에 맞춰야 했던 것이다

그러다가 점차 부작용을 낳게 되었다. 어떤 복지 제도도 인간의 욕구를 앞지를 수는 없는 법이다. 직원들이 주 2일 근무에 2일은 재택근무 제도를 시행하자고 요구했고, 미혼자들은 오피스텔은 좁으니 아파트를 다오, 기혼자 자녀에게 교육비를 지원하는 것은 미혼자들에게는 불평등한 제도이니 모든 직원들에게 지원금을 다오…….

복지라는 달콤한 사탕에 길들여진 국민들의 끝없는 요구가 나라를 흔들리게 하듯 잘 나가던 IT기업이었던 이 회사도 복지비의 과다지출로 인해 두통거리가 되고 말았다. 그래서 너무 과도한 요구에 대해서는 차단하기 시작하자 여기저기서

불평이 쏟아졌다.

사장은 서서히 무한정의 복지 혜택으로 인재를 잡아 두는 일은 불가능하다는 사실을 알게 되었지만 이미 때는 늦었다. 장마 때 수레를 태워 주던 은혜로움이 다음 장마 때도 반복되지 않으면 백성들의 입에서는 불평이 쏟아지게 마련이듯이, 사방에서 들리는 불평이 귀를 따갑게 했다.

이 회사의 복지 정책은 우리에게 많은 시사점을 준다. 무한정한 퍼주는 정책이 나라를 거덜 나게 하듯 복지 정책을 회사의 수준에 맞지 않게 펼치면 당연히 경영 자체가 어렵게 된다. 복지비 자체로는 얼마 되지 않더라도 그로 인한 직원들의 정신 상태에 금이 가기 때문이다. 그런 회사의 미래는 뻔하다.

22
인간은 욕망의 노예다

狐假虎威 호가호위

여우가 호랑이의 위세를 빌려 호기를 부림

어느 여우의 호언장담

초나라의 재상 소해휼昭奚恤은 얼마나 무섭게 권력을 휘둘렀던지 그의 말 한 마디면 칭얼대던 어린아이도 울음을 딱 그칠 정도였고, 북방의 오랑캐들까지도 머리를 흔든다는 소문이 나돌았다.

이런 소문이 돌고 돌아 임금의 귀에 들어가자, 화가 잔뜩 난 왕이 강을江乙이라는 대신을 몰래 불러 소해율에 관한 소문이 사실이냐고 물었다. 이에 강을이 이렇게 대답했다.

“호랑이에게 잡힌 여우가 말했습니다. ‘나는 백수의 어른으로 모든 짐승들이 나를 두려워한다. 내 말을 못 믿겠거든 내가 앞장설 테니 뒤를 따라와 보라.' 호랑이가 여우의 뒤를 따라가 보니 과연 모든 짐승들이 질겁하며 도망치기에 호랑이는 역시 여우가 대단하다는 사실을 인정하고 놓아줄 수밖에 없었습니다. 그와 마찬가지로 북방의 모든 나라들이 소해휼을 두려워하는 것은 임금께서 거느리신 사방 오천 리 땅과 수백만의 군사 때문이지 결코 소해휼 때문이 아닙니다."

소해휼의 막강함은 초나라의 강력한 힘에 의한 것이지 결코 혼자만의 위세가 아니라는 설명에 왕은 그제야 분노를 가라앉혔다. 여우가 호랑이의 위세를 빌려 호기를 부린다는 뜻의 '호가호위狐假虎威'는 약한 자가 뒤에 있는 큰 세력을 빌어 함부로 위세를 부린다는 뜻이다.

어떤 호가호위 첫 번째 이야기

거대한 대륙 아프리카가 본격적으로 유럽 열강의 식민지로 전락한 것은 17세기 이후였다. 이전의 아프리카는 전인미답의 대륙으로 원주민 나름의 풍족하고 평화로운 삶을 이어가고 있었다.

그런데 언젠가부터 아프리카 서부 해안지역을 통해 물물교환 형태의 무역을 해오던 유럽 상인들이 점차 내륙으로 진출해 황금, 특산품, 유적 등 막대한 물량을 무자비하게 빼앗아 갔다. 그들은 땅과 문화를 지키기 위해 저항하는 아프리카인들을 가차 없이 처단하면서 대륙의 중심부로 진출했다.

유럽인들은 아프리카에서 자원의 약탈에 그치지 않았다. 수많은 흑인들을 노예로 붙잡아 물건을 선적하듯 배에 싣고 유럽 여러 나라에 비싼 값에 팔았다. 심지어 유럽의 귀족 가문에서는 흑인 소년소녀를 애완동물처럼 사육하는 일도 있었다고 한다.

영국, 프랑스, 포르투갈, 스페인, 벨기에 등 많은 나라들이 여기에 가담했는데, 도대체 일개 상인에 불과한 이들은 무엇을 믿고 이렇게 아프리카 대륙을 휘젓고 다닐 수 있었을까?

그들 뒤에는 저마다의 나라에서 파견한 군인들이 있었기 때문이다. 그들은 총과 칼로 무장한 세력이기에 아프리카인들은 도저히 손을 쓸 수 없는 상대였다. 그들의 막강한 배경을 믿고 마음껏 배를 불린 유럽 상인의 후예들은 오늘날 유럽 대륙의 최고 갑부 가문이라는 명예를 이어가고 있다.

어떤 호가호위 두 번째 이야기

W씨는 재벌기업 계열사인 전자회사에 부품을 납품하는 작은 하청 공장을 8년째 운영하고 있다. 직원 20명 규모의 작은 공장이지만 나름 알차게 운영하고 있는 편이다.

한 가지 애로사항이 있다면 담당 관리직원들이 너무 자주 바뀐다는 것이다. 8년 동안 12명이나 될 정도로 담당자의 변화가 극심했는데, 저마다 성격이 다르고 일하는 방식이 다르다 보니 거기에 맞추는 것이 보통 어려운 일이 아니었다.

어떤 담당자는 하청기업의 애로를 알고 품질 개선이나 관리적인 측면에 도움을 주려고 노력했고, 어떤 담당자는 관심도 의욕도 없다는 듯이 빙 한 번 둘러보고는 납기일을 잘 맞추라는 말만 남기고 휙 돌아서 갔다.

문제는 하청기업을 손아래 직원을 대하듯이 하대하며 무자비하게 군림하려는 담당자다. 그들은 매사에 반말조로 지시하는 것도 모자라 시시콜콜 간섭하며 못살게 굴었다. 그러다 불량품이라도 생기면 당장 거래를 끊겠다는 둥 벼락같이 화를 내어 사람을 기죽게 만들기도 했다. 전형적인 호가호위 타입의 이런 담당자를 만나면 정말 대책이 없다.

한 번은 담당자가 늦은 오후에 부근에 왔다며 W씨를 불렀다. 무슨 일인가 싶어 부랴부랴 달려갔더니, 그가 두 명의 친구와 함께 식사하고 있었다. 그는 이미 적잖이 취해 있었다. 그날 W씨는 3차까지 계속되는 술자리에 끌려 다니며 280만 원 가까이 접대를 했다.

이날 담당자는 자기가 얼마나 힘이 있는 자리에 있는지를 과시라도 하듯이 계속 큰소리치고 빼겨댔다. 공식적으로 이런 식의 접대는 금지되어 있지만 하청업체 사장에게 대기업 담당자는 무시할 수 없는 존재라 호가호위하는 그를 피할 도리가 없었다.

어떤 호가호위 세 번째 이야기

호가호위라는 말 속에는 별 힘도 없는 이가 뒤를 받쳐 주는 존재의 힘을 믿고 함부로 설친다는 의미가 들어 있다. 뒷배가 없으면 절대 힘을 쓰지 못할 자가 강한 척을 하니 당연히 원래 강한 자보다 더 강하게 나온다. 그래서 호가호위가 무섭다는 것이다. 호랑이 앞에 있는 여우는 그러다 다른 짐승들을 잡아먹겠다고 할지도 모른다.

그러나 이때의 무서움은 위험을 안고 있다. 호랑이가 사라지면 여우가 별 것 아닌 짐승이 되듯이 뒷배가 사라지면 그다음엔 더 이상 자신을 내세울 힘이 사라지기 때문이다.

정치의 세계가 그렇듯이 한때 최고 권력자에게 붙어서 호가호위를 하던 정치인이 막상 권력자가 사라지면 추풍낙엽처럼 자취를 감추는 것을 많이 본다. 그런 의미에서 호가호위라는 고사성어를 낳은 강을의 진언은 이렇게 끝나지 않았을까?

"그렇게 분수를 모르고 날뛰던 여우는 호랑이가 사라지자 황급히 숲속으로 도망치다 다른 호랑이에게 잡아먹혔다."

공자는 '지불가만志不可滿'이라고 말했다. 마음이 바라는 바를 다 채워서는 안 되니 적당한 선에서 스스로 억제해야 한다는 뜻이다. 여우는 자신도 호랑이처럼 강한 짐승이 되고 싶은 욕망을 갖고 있었지만, 그것은 애초부터 헛된 목표였다.

'지불가만'은 원래 《예기》에 나오는 말로 '낙불가극樂不可極'과 짝을 이룬다. 이 말은 즐거움이 극도에 이르도록 내버려둬서는 안 된다는 뜻이다. 뜻을 가득 채우려 하지 말고 즐거움이 극한까지 가게 놔두지 말라는 가르침이 새삼스럽게 가슴을 울리는 이유는 '멈춤'을 모르고 질주하는 현대인들의 삶을 날카롭게 비판하기 때문이다.

성공의 꼭대기까지 치달았던 연예인이 마약에 손을 대는 바람에 바닥까지 굴러 떨어진 경우를 본다. 그의 실패 원인을 분석하는 말은 많지만, 제대로 된 목소리는 들리지 않을 때가 많다. 그는 왜 실패했을까? 내 생각에, 그의 실패는 멈춤을 몰랐기에 찾아온 당연한 결과였다. 멈춤을 몰랐고 욕망의 절제를 몰랐기에 그에게 가해지는 단죄는 그만큼 엄할 수밖에 없었다.

호가호위는 결국 분에 넘친 욕망의 산물이다. 여우가 자기에게 주어진 운명에 만족하며 살았더라면 제 명에 못 죽는 불행은 겪지 않았을 것이다. 이것은 여우의 이야기가 아니라 언제든 욕망의 노예가 될 수 있는 우리 자신의 이야기다. 호가호위를 해서라도 자신의 강함을 드러내고 싶어 하는 우리의 욕망 말이다.

23
세상에 널리 해로움을 주는 사람

意必固我 의필고아
공자가 절대로 행하지 않은 네 가지를 일컫는 말

절대로 하지 말아야 할 4가지

《논어》〈자한子罕〉에 이런 말이 나온다.

공자께서는 네 가지를 절대 하지 않으셨다. 사사로운 뜻을 갖지 않으셨고 반드시 해야 한다는 일이 없으셨으며, 무리하게 고집부리는 일도 없으셨고 자신만을 내세우려는 일도 없으셨다.

이를 '의필고아意必固我'라 하는데, '의'는 이치에 맞지 않는 의견은 함부로 발설하지 않음으로써 실수를 저지르지 않는다는 뜻이다. '필'은 반드시, 기필코라고 외치며 꼭 해야 하는 일은 없다는 뜻이고, '고'는 자기 뜻을 지키고자 하는 고집불통 인 상태를 말하며 '아'는 남들을 무시하고 무조건 자기 자신을 내세우는 태도를 말한다.

말이란 그것이 맞는지 틀리는지를 심장에 물어 보고 뱉어야 하는데 아무 말이나 입에서 나오는 대로 마구 쏟아내는 사람이 의외로 많다. '구시화문口是禍門'이란 말이 있다. 입이 재앙의 근원이라는 말로, 말조심을 하라는 뜻이다. 한 마디 말 때문에, 또는 누군가에게 던진 가시 돋친 말 때문에 졸지에 인생을 망친 사람들이 구시화문의 산증인들이다.

안 되면 되게 하라고 한다. 용기와 끈기는 이해하지만 매사를 이렇게 살면 자기가 정한 규칙 안에서 숨이 막혀 버리고 말 것이다. 살다 보면 때때로 뜻대로 되지 않을 때를 대비하며 차선을 생각해 둬야 한다. '의필고아'는 결국 세상과 어울려 사는 지혜를 가르치는 고사성어다.

공자의 말씀을 한 마디로 요약하면 '열린 마음'이라고 할 수 있다. 오늘날처럼 창의와 융합을 중시하는 시대에는 자기 생각에 매달리는 고정관념이나 편견을 버려야 하는데, 고대 중국의 시대를 살았던 공자는 '의필고아'라는 말을 통해 시공을 초월한 가르침을 전하고 있다.

세상과 어울려 사는 지혜

'테슬라'라고 하면 대부분 일론 머스크의 전기차를 떠올리지만 사실은 '니콜라 테슬라Nikola Tesla'라는 미국의 전기공학자 이름이다. 젊은 시절 에디슨이 창업한 전기회사에서 전기기술자로 일했던 그는 자주 혁신적인 아이디어를 제안해서 에디슨의 눈에 들었다.

당시 에디슨은 뉴욕에 역사상 최초로 발전소를 세우고 수백 개의 부유한 저택과 공장, 극장, 제분소 등에 전기를 판매하는 한편으로 고객들로부터 백열전구 같은 조명 설비 등의 부수적인 사업을 하고 있었다.

그런데 에디슨이 만든 전기 시스템은 직류 장치로, 개발 초기에는 잦은 고장으로 인한 누전, 화재 같은 부작용을 수습해야 했다. 바로 이때 테슬라는 고장 난 설비를 빠른 시간 내에 고치는 뛰어난 일처리 능력과 친절한 고객 응대로 칭찬이 자자했다.

그러던 어느 날, 테슬라는 에디슨이 만든 발전기를 좀더 효율적으로 작동시킬 수 있는 방법을 찾아냈다며 에디슨에게 발전기를 다시 만들 것을 건의했다. 에디슨은 테슬러가 제시한 설계도를 들여다보고 이렇게 말했다.

"자네가 이 프로젝트에 성공한다면 5만 달러의 보너스를 주겠네."

당시 5만 달러는 대단한 거금이었다. 그런데 짠돌이로 유명한 에디슨은 왜 이런 약속을 했을까? 사실은 에디슨은 테슬라의 실패를 예상했던 것이다. 발명왕이라는 별명답게 에디슨은 누구도 자기의 기술을 따라잡지 못할 거라는 자신감이 철철 넘쳤다.

에디슨의 전기 시스템은 직류 전기라는 한계 때문에 많은 발전기를 필요로 했다. 하지만 테슬라는 짧은 시간 내에 24개에 달하는 발전기를 모두 다시 설계했고, 이들을 자동조절 장치로 작동하게 만듦으로써 발전기 성능에 일대 혁신을 일으켰다.

에디슨은 깜짝 놀라 자빠지고 말았다. 한 사람의 위대한 발명가이기 이전에 경쟁상대를 용납하지 않는 악덕 기업주로 소문이 자자한 에디슨은 끝내 약속한 돈을 주지 않았고, 이 일로 테슬라는 사표를 던졌다.

그 뒤 테슬라는 에디슨에 대항하여 교류 전기 시스템을 만들었고 비행기의 성능을 개조한 헬리콥터, 레이더 등 다양한 발명품을 연이어 창안해 냈다. 만약 테슬라가 에디슨만큼 홍보기술이 뛰어나고 사업가적 기질이 투철했다면 어땠을까? 그러나 그는 발명으로 돈을 버는 사업가보다는 기술의 장인이 되고 싶어 했다.

언제나 새로운 것을 발명하는 일에 진심이었던 테슬라는 늘 열린 마음으로 남의 의견을 들었고, 그 말이 옳다고 여기면 과감히 자신의 생각을 바꾸는 등 세상과 어울려 사는 지혜를 몸소 선보이며 살았다.

역사는 테슬라보다 에디슨을 더 많이 기억하고 있지만 그 역시 인류의 진보에 크게 기여한 사람으로 여전히 세계인의 일상에 도움을 주고 있다. 전 세계에서 가장 많이 쓰는 전기가 바로 교류 전기이기 때문이다.

세상에 널리 해로움을 주는 사람

2022년 2월 러시아가 우크라이나를 침공하는 전쟁이 일어났을 때 세계인들은 우크라이나가 얼마 못 가 러시아에 완전히 넘어갈 것이라고 생각했다.

그러나 러시아의 만행은 세계인의 분노를 샀을 뿐더러 우크라이나 국민들의 대대적인 저항을 불러일으켜 1년이 지난 지금까지 지리멸렬한 상태에 빠져 있다. 보도에 의하면 오히려 침략자 푸틴이 이런 상황에 당황하고 있다고 한다.

코미디언 출신의 볼로디미르 젤렌스키 우크라이나 대통령은 우크라이나 땅을 지켜 내는 일이 유럽, 나아가 세계에 얼마나 중요한지를 지속적으로 호소하여 세계인의 공감을 불러일으켰고, 민주 진영 강대국들의 협력을 이끌어 냈다.

이 전쟁을 통해 푸틴은 공자가 말한 '절대로 하지 않는 네 가지'와는 딱 반대로 생각하고 행동하는 사람임을 다시 한 번 세계인에게 과시했다. 공자의 말씀을 다시 들어 보자.

> 사사로운 뜻을 갖는 일도, 반드시 해야 한다는 일도 없다. 무리하게 고집부리는 일도 없고, 자신만을 내세우려는 일도 없다.

하기야 푸틴의 악행이 이번이 처음은 아니니 그의 만행이 별로 놀랍지도 않다. 홍익인간이 세상에 널리 이익을 주는 사람인 데 반해 푸틴이라는 인간형은 한 마디로 세상에 널리 해로움을 끼치는 사람이라고 할 수 있다.

수도 없이 죽어 나가는 무고한 시민들과 가차 없이 파괴되는 건축물들을 보며 푸틴은 대체 무슨 생각을 할지 궁금하기만 하다. 세상에는 푸틴과 같은 사람들이 아주 많다. 사회에 이득을 주기는커녕 어떻게든 해를 끼치는 사람들 말이다. 도대체 그런 악당들의 머릿속엔 무엇이 들어 있을까?

'격죽사난사擊竹事難事'라는 말이 있다. 종이가 없던 시절에는 대나무 조각인 죽간竹簡에 죄인의 죄상을 일일이 적어 남겼다. 격죽사난사는 얼마나 죄가 많은지 가지고 있는 죽간을 다 사용해도 모자라다는 뜻이다.

그만큼 악행을 저지른 일이 많아 갖고 있는 죽간에 전부 쓸 수 없다는 뜻인데, 푸틴이 그렇고 세상을 어지럽히는 악당들이 여기에 해당될 것이다.

고대 중국의 형벌은 무서울 정도로 가혹해서 사람이 상상할 수 있는 한계를 훨씬 벗어났다. 고대의 다섯 가지 주요 형벌로는 이마에 글을 새기는 묵형墨刑, 코를 베는 의형劓刑, 발꿈치를 잘라 버리는 비형剕刑, 거세하는 형벌인 궁형宮刑, 사형에 처하는 대벽형大辟刑 등이 있었다. 여기에 조금 가벼운 형벌로는 태형笞刑, 장형杖刑, 징역형, 유배형 등이 있었다.

이 같은 형벌이 가혹한 점은 죄인이 저지른 죄상을 몸에 새김으로써 만인의 눈길을 끌도록 했다는 것이다. 이들은 대부분 사람들이 살지 않는 깊은 산속에 들어가 산적이 되는 등 또 다른 범죄를 저지르곤 했다.

한 번 뿐인 짧은 인생, 죄짓고 살지 말아야 한다. '의필고아'는 공자께서 현대인들에게 들려주는 충고의 말인지도 모른다. 무조건 성공만을 향해 질주하지 말고 무리하게 고집부리는 일 없이, 자신만을 내세우려는 일도 없이 무난하고 무탈하게 살아가는 것도 인생을 알차게 꾸며나가는 지혜의 말일지 모른다.

우리가 살아가면서 세상에 널리 이로움을 줄 수 없을지라도 최소한 해를 끼치지는 말고 살아야 한다. 현자들의 가르침을 한 마디로 축약하자면, 바로 이것이 아닐까 싶다.

24
당신은 어떤 리더가 되고 싶은가?

寬猛相濟 관맹상제

관후함으로 엄격함을, 엄격함으로 관후함을 조절함

관대한 정치와 엄격한 정치

정나라의 재상 자산子産이 노쇠하여 죽음을 목전에 두었을 때, 후계자인 대숙大叔을 불러 이렇게 말했다.

"덕이 있는 사람이라야 관대한 정치로 백성을 설복시킬 수 있소. 그러나 엄하게 다스리는 것보다 더 좋은 방법은 없소. 불은 뜨겁기 때문에 백성들이 무서워하므로 불로 인해 죽는 일은 별로 없다오. 이에 반해 물은 약한 것이어서 사람들이 친근히 가지고 놀기에 물 때문에 죽는 일이 많소. 그러기에 관대한 정치로 백성들을 굴복시키기는 어려운 법이오."

자산은 지금 엄격한 법치로 백성을 다스리느냐, 모든 일에 덕의를 베풀며 관대하게 이끌 것이냐, 이 문제를 놓고 말하는 것이다. 이는 모든 리더들이 궁금해 하는 문제이기도 하다.

자산이 죽자 마침내 대숙이 정치 일선에 나서게 되었다. 그는 자신의 성품대로 엄격한 정치보다는 백성들을 긍휼이 여기고 은혜를 베푸는 방법으로 백성을 대했다. 살인죄 같은 중범죄가 아니면 다시 죄를 짓지 않겠다는 약조를 받고 풀어 주는 등 웬만한 잘못은 대부분 용서하는 방식으로 백성들을 대했다.

그러자 언젠가부터 도처에 도둑이 활개 치기 시작했고, 백성들끼리 믿고 의지하기보다는 서로 허물을 잡고 드잡이를 하거나 심할 경우 살상하는 일까지 벌어졌다. 대숙은 자산의 말을 떠올리며 후회할 수밖에 없었다.

"일찍이 그분의 말씀대로 했다면 이렇게 되지는 않았을 텐데……."

그때부터 엄한 처벌을 앞세운 법치주의를 시행하여 도둑질을 하다가 잡히면 가차 없이 감옥에 잡아넣고 중범죄자는 백성들이 보는 앞에서 처형을 했다. 이러한 엄중한 일벌백계 정책에 정나라 사람들은 일체 범법행위를 하지 않게 되었다.

공자가 말했다.

옳도다. 정치가 관대하고 후덕해지면 백성이 경박해지는데, 백성이 경박해지는 것을 시정하려면 엄격함으로 다스려 바로잡아야 한다. 그러나 너무 엄한 정치는 백성을 해치게 되는데, 백성이 해침을 당하면 관대함을 베풀어야 한다. 관후함으로써 엄격함을 조절하고 엄격함으로써 관후함을 조절하면 정치는 마침내 조화를 이루게 된다.

이를 '관맹상제寬猛相濟'라고 한다. 관후함으로써 엄격함을 조절하고, 엄격함으로써 관후함을 조절한다는 뜻으로 사람을 다스릴 때는 부드러운 훈계와 엄벌이 서로 잘 어울려야 한다는 말이다. 한 마디로 당근과 채찍을 두루 사용하라는 뜻이다.

지장, 용장, 덕장

손자는 병사들을 지휘 통솔하는 장수에는 크게 세 부류가 있다고 말했다. 지장智將, 용장勇將, 덕장德將이 그들이다. 지장은 싸움에 임할 상황을 날카롭게 예측 분석하여 치밀하고 확실한 전략을 세우는 전략가를 말한다.

용장은 두둑한 배짱을 바탕으로 강한 리더십을 발휘하여 병사들을 앞에서 이끌어가는 카리스마를 지닌 장수이고, 덕장은 따뜻하고 부드러운 품성을 지닌 장수로 그가 베푸는 덕성에 감화되어 모든 병사의 존경을 받는 장수를 가리킨다.

병사들은 어떤 지휘관을 원할까? 아마도 덕장이 선호도 1등의 자리를 차지할 것이다. 너그럽고 부드러운 카리스마로 마치 어버이처럼 병사들을 이끄는 장수라면 누구라도 좋아하고, 그의 말 한 마디에 쉽게 설복당할 테니 말이다.

촉한의 유비가 대표적인 덕장이었다. 부하들에 대한 연민과 사랑이 가득했던 유비는 삼고초려三顧草廬에서 보듯이 스무 살 아래인 제갈량이라는 인재를 구하기 위해 무릎까지 꿇을 정도로 지극 정성을 다했다.

유비가 어떤 일을 결정할 때 지나치게 우유부단하거나 의

심하는 일이 많았던 것도 주변 여건을 두루 살피기 위한 그 나름의 심사숙고였다. 유비의 군대가 조조에 밀려 후퇴하게 되었을 때, 그의 덕성에 감화된 백성들이 구름같이 뒤를 따랐다는 얘기는 너무 유명한 이야기다.

유비와는 숙적 관계에 있던 조조는 어떤 장수일까? 후한 말기에 각지에서 일어난 나라들 중에 가장 강성한 곳은 화북 지역을 근거지로 했던 위나라였다. 이곳의 리더가 바로 조조로, 탁월한 군사 전략과 뛰어난 인재들을 규합하는 리더십으로 삼국의 영웅들 중 독보적으로 앞서 나갔다.

후세 사람들은 조조를 간교한 영웅이라는 뜻으로 '간웅奸雄'이라 부른다. 그가 간웅인지 영웅인지에 대한 논의는 오늘날까지 여전한데, 동시대를 살았던 사람들은 대부분 그를 '난세의 영웅'이라고 부르는 데 동의한다. 그러나 난세의 혼탁한 상황을 헤쳐 나가기 위해 온갖 꾀를 내야 했던 조조를 무조건 간교하다고 손가락질을 할 수 있을까?

조조가 어떤 사람인지를 말해주는 이런 일화도 있다. 유비가 조조에게 잠시 몸을 의탁하고 있을 때, 하루는 조조가 유비에게 이런 말을 했다.

"우리 군대가 어느 지역을 정벌할 때, 행군 도중에 물이 떨어져 고통이 심했는데 내가 병사들에게 이렇게 말했소. '저 앞에 매실나무 숲이 있는데, 그 매실은 매우 시고도 달아 우리 목을 축이기에 충분할 것이다. 그러니 잠시만 참아라!' 이 말에 병사들은 매실의 신맛을 생각하고 입 안에 침이 돌아 갈증을 잊게 되었소. 그리고 오래지 않아 목적지에 도착하여 갈증을 풀 수 있었다오."

이런 식의 속임수로 병사들을 이끌고도 일말의 가책도 느끼지 않고, 오히려 목적을 위해서는 어떤 기만도 마다하지 않는다는 조조의 자신에 찬 언행에 얼마나 동의할 수 있을까?

조조는 특히 나관중의 《삼국지연의》에서 대표적인 악인으로 묘사되면서 부정적인 이미지가 굳어졌다. 그러나 현대에 이르러서 그런 평가는 잘못된 것으로, 역사가들은 그를 '재능이 뛰어난 영웅'으로 재평가하고 있다.

한 마디로 조조는 지장에 속한다고 볼 수 있다. 탁월한 문장가이기도 했던 조조는 변화무쌍한 전투 상황 속에서 임기응변과 처세에 강한 전략가였으며 용병과 병법에 능한 장수였다는 사실은 인정받아야 한다는 것이 많은 역사가들의 평가이다.

당신은 어떤 리더가 되고 싶은가?

한 사람이 지략이 뛰어난데다 누구보다 용맹스럽고 병사들을 모두 품어 안듯이 덕을 베풀며 이끄는 장수가 되기는 어렵다. 세 가지 특징은 너무 다른 종류의 개성이기에 장수 한 사람에게 모든 것을 갖춘 종합의 리더가 되기를 바라는 건 무리가 있다.

부하직원들에게 매우 엄한 사장이 있다. 부하직원들을 인정사정없이 몰아세울 때는 인정머리가 하나도 없어 보인다. 이런 사장은 회사의 내규 안에서 제대로 숨을 쉬지 못할 만큼 꽉 짜인 일정에 따라 충성스럽게 일하는 사원을 좋아한다. 그러나 문제는 그런 사장 밑에서 오래 붙어 있는 사원이 많지 않다는 점이다.

반대로 부하직원들을 방임하며 자기 소신대로 일하게끔 하는 리더도 있다. 나름 장점도 있겠지만 이런 시스템을 함부로 도입했다가는 자유가 방종으로 치달아 돌이킬 수 없는 길로 치달을 수 있다.

그렇기에 관후함으로써 엄격함을 조절하고 엄격함으로써 관후함을 조절하면 정치는 마침내 조화를 이루게 된다는 공자의 조언은 리더들이 반드시 새겨들어야 할 말씀이다.

훌륭한 리더가 되려면 엄격함으로 규율을 세우고 관후함으로 자율을 주는 지혜가 필요하기 때문이다. 명성이 높은 리더가 되기를 바라는 사람이라면 이런 문제부터 먼저 고민해야 하지 않을까?

훌륭한 리더는 어떻게 만들어지는가? 누구나 능력 있는 리더가 되기를 원하지만 아무에게나 허락되지 않는 문제이니 고민이다. 전문가들은 자신의 그릇에 맞는 리더 타입을 설정하는 일이 중요하다고 말한다.

자신이 어떤 유형의 리더가 되기를 원하는지 분명하게 알고, 거기에 맞게 스스로를 만들어 나가라는 것이다. 리더는 태어난다고 말들 하지만, 그건 거짓말이다. 리더는 끝없는 자기수련과 공부를 통해 만들어지는 것이다. 그러니 먼저 리더십이란 무엇인지 공부부터 하자.

남을 아는 사람은 지혜로운 사람이고
자기를 아는 사람은 밝은 사람이다.
남을 이기는 자는 힘이 있는 사람이고
자신을 이기는 자는 강한 사람이다.
만족할 줄 아는 자는 부유한 사람이고
힘차게 나아가는 자는 뜻을 가진 사람이다.
그 자리를 잃지 않는 자라야 오래가는 사람이고
죽어도 없어지지 않는 자라야 오래 사는 사람이다.

知人者智. 自知者明. 勝人者有力. 自勝者强.
知足者富. 强行者有志. 不失其所者久. 死而不亡者壽.

초판 1쇄 인쇄일 2023년 3월 20일
초판 1쇄 발행일 2023년 3월 28일

지은이 이삼수
발행인 양혜령
주간 이미숙
책임편집 김진아
책임디자인 김은주
책임마케팅 안병휘
경영지원 이지연

발행처 홍익P&C
출판등록번호 제 2023-000044 호
출판등록 2023년 2월 23일
영업본부 경기도 고양시 백석동 1324 동문굿모닝타워 2차 927호
대표전화 02-323-0421
팩스 02-337-0569
메일 editor@hongikbooks.com

홍익P&C는 HONGIK Publication & Communication의 약자입니다.

ISBN 979-11-982552-0-4(13190)